THICH NHAT HANH

Nenne mich bei meinen wahren Namen

Ausgewählte Gedichte

Herausgegeben von
Ursula Richard

*Aus dem Englischen von
Karen Siebert*

*Mit Tuschezeichnungen von
Katharina Sheperd-Kobel*

Die amerikanische Originalausgabe erschien 1993 unter dem Titel
»Please Call Me By My True Names« bei Parallax Press, Berkeley, Kalifornien

Besuchen Sie uns im Internet:
www.mens-sana.de

Aus Verantwortung für die Umwelt hat sich die Verlagsgruppe
Droemer Knaur zu einer nachhaltigen Buchproduktion verpflichtet.
Der bewusste Umgang mit unseren Ressourcen, der Schutz unseres Klimas und
der Natur gehören zu unseren obersten Unternehmenszielen.
Gemeinsam mit unseren Partnern und Lieferanten setzen wir uns
für eine klimaneutrale Buchproduktion ein, die den Erwerb von Klimazertifikaten
zur Kompensation des CO_2-Ausstoßes einschließt.
Weitere Informationen finden Sie unter: www.klimaneutralerverlag.de

Gekürzte Neuausgabe 2010
Copyright © 1999 Unified Buddhist Church, Inc.
Copyright © 2010 für die deutschsprachige Ausgabe Knaur Verlag.
Ein Unternehmen der Verlagsgruppe
Droemer Knaur GmbH & Co. KG, München.
Alle Rechte vorbehalten. Das Werk darf – auch teilweise –
nur mit Genehmigung des Verlags wiedergegeben werden.
Umschlaggestaltung: ZERO Werbeagentur, München
Tuschezeichnungen von Katharina Shepherd-Kobel
Umschlagabbildung: FinePic®, München
Satz: Adobe InDesign im Verlag
Druck und Bindung: CPI books GmbH, Leck
ISBN 978-3-426-65674-7

4 6 7 5 3

Inhalt

Vorwort der Herausgeberin   9

DIE HISTORISCHE DIMENSION

Botschaft   21
Unser grüner Garten   24
Mudra   27
Um mich zu wärmen   30
Nacht des Gebets   31
Empfehlung   34
Die Struktur der Soheit   36
Unser fester Entschluss   39
Der Zeuge bleibt   40
Frieden   41
Hier sind meine Hände   42
Betrachtung   45
Das ist der einzige Geist   48

Osten und Westen 50
Der leere Pfad 52
Die Frucht der Achtsamkeit ist reif 53
Der Tag, an dem ich mein Herz verliere 55
Lasst uns um Dunkelheit bitten, oh ihr funkelnden Sterne 57
Bitte nenne mich bei meinen wahren Namen 62
Schmetterlinge über den goldenen Senffeldern 65
Heimat 71
Existenz 72
Kleiner Stern 73

Die letztendliche Dimension

Das Donnern vorbeiziehender Schwingen 79
Die Schönheit des Frühlings stellt sich mir in den Weg 81
Nicht-Greifen 83
Stille 84
Wahre Quelle 89
Du machst dich bereit heute Morgen 91
Winken 92
Jener ferne Herbstmorgen 93
Ruhe 96
Verschwinden 97

Tropfen der Leerheit 98
Reise 99
Bewegung 100
Der Fluss am Nachmittag und die Seele der Erde 101
Der geschickte Bogenschütze 102
Padmapani 103
Fremde Küsten 105
Transformierte Illusion 108
Geistesmond 109
Arme voller Poesie, Tropfen von Sonnenschein 110
Im Wald 114
Einssein 115
Ein Pfeil, zwei Illusionen 117
Der alte Bettelmönch 122
Erscheinung 125
Liebesgedicht 126
Beziehung 131
Ihr seid mein Garten 132
Entschärft mich 135
Wir kommen wieder 138
Vollmondfest 139
Reise 142
Mondbetrachtung 145
Sonnenblume 146

Ich werde sagen, ich will alles 147
Geburt und Tod 149
Zen-Ecken 150
Froschlosigkeit 151
Im Kreis laufen 153
Vierundzwanzig brandneue Stunden 155
Unser wahres Erbe 158
In den Strom eintreten 160
Die gute Nachricht 162
Bhumisparsa 164
Zuflucht nehmen 166
Zufluchtsgebet 168
Gehmeditation 170
Jeder Schritt 172
Kuckuckstelefon 173
Erdberührung 175
Atmen 180

Zu den Gedichten 183

Vorwort der Herausgeberin

Der vietnamesische Zen-Meister Thich Nhat Hanh, neben dem Dalai Lama die weltweit renommierteste buddhistische Persönlichkeit der Gegenwart, wird bei uns im Westen vor allem als Lehrer der Achtsamkeit wahrgenommen, als ein sehr sanfter, sehr leiser und mitfühlender Lehrer, der immer wieder betont, wie wichtig es ist, die Achtsamkeit nicht nur auf dem Meditationskissen, sondern im Alltag zu leben. Und auf dieser Achtsamkeit im Alltag liegt der Fokus vieler seiner Bücher. Die Achtsamkeit, von der er spricht, umfasst alle Aspekte des Lebens: den Körper, die Empfindungen, Wahrnehmungen, Gefühle, Gedanken und all das, was uns umgibt. Und sie umfasst den Aspekt der Transformation, der Umwandlung schwieriger, schmerzhafter Gefühle und Gedanken.

Wer die Gedichte Thich Nhat Hanhs liest, wird vielleicht eine Ahnung davon bekommen, mit welch schwierigen, leidhaften Gefühlen und Lebensumständen der Autor selbst in seinem Leben zu ringen hatte. Und was es ihn an Leib und Seele gekostet haben muss, sich dieses Mitgefühl, dieses Verstehen, diese unbedingte Bereitschaft zur Versöhnung und diese Liebe – kurz, all das, was er so glaubhaft verkörpert – durch seine buddhistische Praxis zu »erarbeiten«, durch Übung zu erlangen. So zeigen viele Gedichte Thich Nhat Hanh in einer tief berührenden Verletzlichkeit und in großem emotionalem Aufruhr, wie zum Beispiel »Um mich zu wärmen«:

> *Ich halte mein Gesicht in beiden Händen.*
> *Nein, ich weine nicht.*
> *Ich halte mein Gesicht in beiden Händen,*
> *um die Einsamkeit warmzuhalten –*
> *zwei Hände, die beschützen,*
> *zwei Hände, die nähren,*
> *zwei Hände, die mich davor bewahren,*
> *dass meine Seele mich*
> *in Wut verlässt.*

Er schrieb es, nachdem er von den Bombenangriffen auf Ben Tre erfahren hatte, die Tausende Menschen das Leben kosteten, und danach den Kommentar eines amerikanischen Militärangehörigen hörte: »Wir mussten die Stadt zerstören, um sie zu retten.«

Etliche seiner Gedichte sind in den Zeiten des Vietnamkrieges entstanden; sie reflektieren seinen Umgang mit Leid, Tod und

Ungerechtigkeit, zeigen aber auch seine Fähigkeit, inmitten von Trümmern und Bombenhagel, inmitten von Tod und Zerstörung das Leben zu sehen, Schönheit zu erkennen, sei es in Form einer Blume, eines Schmetterlings oder eines Lächelns, und dieses Leben, diese Schönheit zu feiern, zu preisen und in eindringliche poetische Bilder zu fassen.

Thich Nhat Hanh hat in Vietnam einen sozial engagierten Buddhismus begründet, der sich sehr aktiv den Sorgen und Nöten der Landbevölkerung zuwandte und den Aufbau von Schulen und Krankenhäusern vorantrieb. 1965 gründete er die »Schule der Jugend für Soziale Dienste«. Während des Vietnamkrieges halfen die Mönche, Nonnen und Laien, die sich diesen Idealen verpflichtet fühlten, beim Wiederaufbau der zerstörten Dörfer, wobei viele zwischen die Fronten gerieten und ums Leben kamen. 1966 gründete Thich Nhat Hanh den Tiep-Hien-Orden, den »Intersein«-Orden, eine Organisation für Mönche, Nonnen und Laien, die sich in zahlreichen Sozial- und Friedensprojekten engagierte; diesen Orden gibt es inzwischen in vielen Ländern der Welt. Thich Nhat Hanh warb auch außerhalb Vietnams unermüdlich für den Frieden, vor allem in den USA. 1967 wurde er von Martin Luther King für den Friedensnobelpreis vorgeschlagen. Thich Nhat Hanh sah sich dabei immer wieder dem Verdacht ausgesetzt, ein Verräter zu sein: Die südvietnamesische, proamerikanische Regierung hielt ihn für einen Kommunisten, die Kommunisten hielten ihn für einen Freund der Amerikaner. Als Letztere schließlich an der Regierung waren, verboten sie ihm die Wiedereinreise nach Vietnam. Erst 2005, nach 39 Jahren, durfte Thich Nhat Hanh erstmals wieder für drei Monate in seine Heimat zurückkehren.

Von diesem Lebenshintergrund zu wissen ist hilfreich bei der Lektüre der Gedichte. Doch sind diese Gedichte keineswegs naturalistische Abbildungen traumatischer Erfahrungen, sondern dichterische Annäherungen und Verarbeitungen des Erlebten voll intensiver Ausdruckskraft und mit teils surreal anmutenden Bildern. Und stets verweisen sie auf eine tiefere Dimension, die er die »letztendliche« nennt, eine Dimension, in der Leid, Tod und Zerstörung aufgehoben sind, weil sie leer sind von eigenständiger Existenz, weil es auf dieser Ebene kein Werden und kein Vergehen gibt. Es gibt das Leid, den Tod, die Zerstörung, und deshalb ist es wichtig, etwas zu tun, oder deshalb sind wir voller Trauer und Schmerz; gleichzeitig aber gibt es nichts zu tun, gibt es kein Leid, keinen Tod. Beides ist gleichermaßen wahr, und in dieser Spannung müssen wir leben, sie gilt es auszuhalten.
Seine Gedichte sind auch keine bebilderten philosophischen

Diskurse über buddhistische Konzepte, sondern im wahrsten Sinne des Wortes verdichtete Erfahrungen, aus denen er zum Teil radikale Konsequenzen zieht. So in seinem vielleicht bekanntesten Gedicht, das dieser Sammlung den Titel gegeben hat: »Bitte nenne mich bei meinen wahren Namen«. Wichtig ist dabei der Plural, der oftmals vergessen wird, wenn dieses Gedicht zitiert wird – dabei ist er der Schlüssel: Wir haben nicht nur einen Namen, sondern viele; wir sind alle und alles.

> ...
> *Ich bin das Kind aus Uganda, nur Haut und*
>   *Knochen,*
> *mit Beinchen so dünn wie Bambusstöcke;*
> *und ich bin der Waffenhändler,*
> *der todbringende Waffen*
> *nach Uganda verkauft.*
>
> *Bitte nenne mich bei meinen wahren Namen,*
> *damit ich all mein Weinen und Lachen*
> *zugleich hören kann,*
> *damit ich sehe,*
> *dass meine Freude und mein Schmerz eins sind.*

In seinen Gedichten zeigt Thich Nhat Hanh ein so feines Gespür für die Bedrängnisse und Nöte, unter denen Menschen auch hier im Westen leben. Bei jedem »Amoklauf«, der in letzter Zeit bildgewaltig durch die Presse geht, fällt mir sein Gedicht »Entschärft mich« ein:

> …
> *Die Qual in meinem Innern*
> *erstickt mich.*
> *Sie ist das TNT,*
> *aus dem die Bombe besteht.*
> *Es gibt sonst niemand,*
> *der mir zuhören will.*
> *Deshalb brauche ich euch.*
> *Ihr aber scheint euch mir zu entziehen.*
> *Ihr wollt euch retten, Sicherheit finden,*
> *diese Art von Sicherheit, die es nicht gibt.*
>
> *Ich habe meine eigene Bombe nicht geschaffen.*
> *Ihr seid es.*
> *Die Gesellschaft ist es.*
> *Es ist die Familie.*
> *Es ist die Schule.*
> *Es ist die Tradition.*

Macht also bitte nicht mich dafür verantwortlich.
Kommt und helft;
tut ihr das nicht, werde ich explodieren.
Das ist keine Drohung. Es ist ein Hilferuf.
...

Hier weiß jemand, wie es sich anfühlt, als lebendige »Zeitbombe« durchs Leben zu gehen, weiß aber auch, wie man sich und andere entschärft: durch Zuwendung, Zuhören, Respekt.

Die vorliegende Gedichtsammlung ist der Originalausgabe folgend in zwei Teile untergliedert. Der erste Teil umfasst Gedichte zur »historischen Dimension«, der zweite Gedichte zur »letztendlichen Dimension«. Diese beiden Dimensionen sind keineswegs voneinander getrennt, sondern greifen ineinander, sind miteinander verwoben, wie es in den der Sammlung vorangestellten Zeilen deutlich wird.

Berührst du tief die historische Dimension,
findest du dich wieder in der letztendlichen
    Dimension.
Berührst du die letztendliche Dimension,
so hast du die historische Dimension nicht verlassen.

Natürlich weisen die Gedichte zur historischen Dimension stärkere zeitgeschichtliche Bezüge auf als die Gedichte zur letztendlichen Dimension – sie sind sehr auf die Situation in Vietnam in jenen Jahren ausgerichtet, während die Gedichte zur letztendlichen Dimension den Fokus eher auf allgemeinmenschliche Themen und Erfahrungen setzen wie auch stark auf Erfahrungen mit der Natur, der Erde als unserer Heimat, mit dem Kosmos, in dem wir leben.

Erstmals erschienen die Gedichte in deutscher Sprache 1997 in einer Gesamtausgabe. Die vorliegende Ausgabe enthält nahezu alle Gedichte zur letztendlichen, aber nur eine Auswahl der Gedichte zur historischen Dimension.

Mich begleiten diese Gedichte seit jenen Jahren, und sie berühren mich immer wieder aufs Neue.
So berührt zu werden wünsche ich den Leserinnen und Lesern dieses Bandes, auf dass immer mehr zur gelebten Wirklichkeit werde, was Thich Nhat Hanh in dem Gedicht »Botschaft« prophezeit:

> *Heute Morgen*
> *knie ich nieder im Gras,*
> *und ich spüre, dass du da bist.*

*Blumen, die jenes wundervolle Lächeln
des Unaussprechlichen in sich tragen,
sprechen zu mir in vollkommener Stille.*

*Die Botschaft,
jene Botschaft der Liebe und des Verstehens,
hat uns wirklich erreicht.*

Ursula Richard
Mai 2010

Berührst du tief die historische Dimension,
findest du dich wieder in der letztendlichen
 Dimension.
Berührst du die letztendliche Dimension,
so hast du die historische Dimension nicht
 verlassen.

Die historische Dimension

Botschaft

Das Leben hat seine Spuren auf meiner Stirn hinterlassen.
Aber heute Morgen wurde ich wieder zum Kind.
Das Lächeln, das man durch die Blätter und Blumen sieht,
kehrt zurück und glättet die Falten,
gleich dem Regen, der Fußspuren am Strand verwischt.
Ein neuer Kreislauf von Geburt und Tod beginnt.

Erhobenen Hauptes wandle ich auf Dornen,
so sicher, als sei es ein Blumenfeld.
Verse erblühen inmitten des Lärms von Bomben und
  Mörsern.
Meine Tränen von gestern wurden zu Regen.
Voller Ruhe höre ich zu, wie er aufs Strohdach fällt.
Die Kindheit, mein Heimatland, ruft nach mir,
und der Regen spült meine Verzweiflung fort.

Ich bin noch immer hier, lebe und lächle ruhig.
Oh süße Frucht vom Baume des Leidens!
Die Leiche meines Bruders trage ich
im Dunkel der Nacht über das Reisfeld.
Die Erde wird dich fest in ihren Armen halten, Lieber,
und morgen schon gebiert sie dich neu als Blumen,

jene Blumen, die so still des Morgens lächeln auf dem Feld.
Dann weinst du nicht mehr, mein Lieber.
Zu tief war die Nacht, durch die wir gingen.

Heute Morgen
knie ich nieder im Gras,
und ich spüre, dass du da bist.
Blumen, die jenes wundervolle Lächeln
des Unaussprechlichen in sich tragen,
sprechen zu mir in vollkommener Stille.

Die Botschaft,
jene Botschaft der Liebe und des Verstehens,
hat uns wirklich erreicht.

Unser grüner Garten

Feuersbrünste schießen empor
aus allen zehn Enden des Universums.
Ein wilder, scharfer Wind treibt sie von überall auf uns zu.
Fernab verharren Berge und Flüsse in ihrer Schönheit.
Der Horizont ringsum erglüht in den Farben des Todes.
Ich selbst, ja, ich lebe noch,
doch Körper und Seele winden sich in Qualen,
als stünden sie selbst in Flammen.
Meine Augen sind verdorrt – vergießen keine Tränen mehr.

Wohin gehst du heute Abend, lieber Bruder, wohin?
Ganz nah ist das Knattern des Gewehrfeuers.
Gleich einer welkenden Blume verdorrt unserer Mutter
das Herz in der Brust. Sie senkt das Haupt,
Fäden von Weiß durchziehen nun
ihr weiches schwarzes Haar.
Wie viele Nächte verbrachte sie wohl
zusammengekauert, hellwach, mit ihrer Laterne nur
und betete, dass der Sturm ein Ende habe?

Liebster Bruder, ich weiß sehr wohl,
dass du es bist, der mich heute Nacht erschießen wird

– eine Wunde im Herzen unserer Mutter,
die nie mehr heilt.
Oh ihr furchtbaren Winde, aus allen Teilen des Universums
stürmt ihr herbei, macht unsere Häuser dem Erdboden gleich,
raubt unseren Feldern die reife Frucht!

Ich sage meiner versengten, schwärzlich schwelenden Heimat
    adieu.
Hier, auf meine Brust, Bruder, ziel und schieß!
Meinen Körper geb ich hin, den unsere Mutter gebar und
    nährte.
Vernichte ihn, wenn du willst.
Vernichte ihn im Namen deines Traumes –
dieses Traumes, in dessen Namen du tötest.
Hörst du, wie ich dem Dunkel zurufe:
»Wann hat das Leiden ein Ende?
Oh Dunkelheit, in wessen Namen nur
verrichtest du dein Zerstörungswerk?«

Komm zurück, lieber Bruder, hock dich nieder
an unserer Mutter Knie.
Überlasse unseren grünen Garten nicht
den tobenden Flammen, die wilde Winde von weit her
in unseren Garten trieben.

Hier auf meine Brust, Bruder, ziel und schieß!
Vernichte mich, wenn du willst,
und erschaffe aus meinem faulenden Fleische,
was immer du dir wünschst.

Wer aber wird noch übrig bleiben, um einen Sieg zu feiern
aus Blut und Feuer?

Mudra

Höre nicht auf den Dichter.
In seinen Morgenkaffee fiel eine Träne.

Höre nicht auf mich.
Bitte nicht.
In meinem Morgenkaffee ist ein Tropfen Blut.
Schilt mich nicht dafür, Bruder,
dass ich keinen Schluck hinunterbekomme.
Die Luft in meinen Lungen ist gefroren.

Er sagte: »Lass mich durch deine Augen weinen,
denn ich habe keine Augen mehr.
Lass mich mit deinen Füßen gehen,
denn ich habe keine Füße.«
Mit meinen Händen berühre ich deinen Alptraum.
Er sagte: »Ich bin gerettet.
Ich brauche keine Rettung mehr.«
Rettung ist etwas für uns.

Meine Hand liegt auf dem Tisch,
still ruht das Universum.
Bitterlich weint noch immer der große Ozean.

Die fünf Berge halten Himmel und Erde
an ihrer alten Stelle.

Dort ganz oben hinter der Milchstraße
offenbaren sich die Geheimnisse des Universums.
Noch immer ruht meine rechte Hand auf dem Tisch
und wartet darauf, dass die Menschheit erwacht.

Nein, meine Hand wird nicht ihren Halt verlieren,
so wie die Muschelschale, die am Strand entlangtaumelt,
wie die Leiche eines Menschen,
den die Kugel hingestreckt.

Berg und Fluss
sind ihrem Fundament entrissen.
Himmlische Wesen sind unterwegs,
und es verebbt das immerwährende Murmeln
des großen Ozeans.

Meine Hand liegt noch immer auf dem Tisch,
und noch immer überragen
die fünf Berge alles.
Das Geheimnis hat sich noch nicht offenbart.
Die himmlischen Körper sprechen weiter miteinander.

Noch immer liegt meine Hand auf dem Tisch,
wartet darauf, das Gleichgewicht
zwischen Himmel und Erde wiederherzustellen –
meine Hand,
diese kleine Hand
ist wie ein Berg.

Um mich zu wärmen

Ich halte mein Gesicht in beiden Händen.
Nein, ich weine nicht.
Ich halte mein Gesicht in beiden Händen,
um die Einsamkeit warmzuhalten –
zwei Hände, die beschützen,
zwei Hände, die nähren,
zwei Hände, die mich davor bewahren,
dass meine Seele mich
in Wut verlässt.

Nacht des Gebets

In jenem Augenblick
wehte kein Wind,
und die Vögel schwiegen.
Sieben Mal bebte die Erde,
als Unsterblichkeit den Strom
von Leben und Tod durchquerte.
Die Hand, die das Rad hielt
in der Mudra des Friedens,
erblühte wie eine Blume in der Nacht.

In jenem Moment
öffnete sich die Blume der Unsterblichkeit
im Garten von Geburt und Tod –
erleuchtet waren Lächeln,
Wort und Gleichnisse.
Er ist gekommen,
um der Menschen Sprache zu lernen.

In jener Nacht schauten die Devas
vom Tushita-Himmel herab,
sahen die Erde, meine Heimat,
noch strahlender als ein Stern,

während die Milchstraßen sich verneigten
und beteten, bis der Osten
sich rötlich verfärbte;
und die Gärten von Lumbini
wurden zur weichen Wiege,
nahmen sanft
den neugeborenen Buddha auf.

Heute Abend, heute Abend
blicken die Menschen
auf der Erde, meiner Heimat,
zum Himmel empor.

Sie wenden ihre tränenblinden Augen zum
 Tushita-Himmel.
Schmerzensschreie überall,
als Maras Hand sie überwältigt in Hass und Gewalt.

Im Dunkel bangt die Erde, meine Heimat,
dem wundersamen Ereignis entgegen,
wenn die Ewigkeit ihre Schleier öffnet,
wenn Schatten verschwinden
und Maitreya Einzug hält in mein Land.

Der Klang des Seins
hallt dann von neuem wider
im Singen eines Kindes.

Heute Nacht legen Mond und Sterne Zeugnis ab.
Lasst meine Heimat, lasst die Erde beten
für Vietnam –
seine Tode, seine Feuer,
seine Trauer und sein Blut –;
dass Vietnam sich erhebe aus seinem Leid
und zur weichen, neuen Wiege werde
für den zukünftigen Buddha.
Lasst die Erde, mein Land, beten,
dass erneut die Blumen blühen.

Heute Nacht sind wir voller Hoffnung,
dass unsere Pein Früchte trägt,
dass Geburt und Tod den Strom
des Seins überqueren
und sich der Quell der Liebe über zehntausend Herzen
    ergießt,
dass der Mensch die Sprache des Unaussprechlichen erlernt.
Dann wird das Lallen eines Säuglings
den Weg uns weisen.

Empfehlung

Versprich mir,
versprich mir heute,
während die Sonne hoch am Himmel steht –
wenn sie dich zu Boden schmettern
mit einem Berg aus Hass und Gewalt,
nicht zu vergessen, Bruder:
Der Mensch ist nicht unser Feind.

Mag dein Mitgefühl noch so gerecht sein,
gerecht auch dein Hass,
unbezwinglich und grenzenlos –
so wird der Hass dir nicht helfen,
der Bestie im Menschen zu widerstehen.

Aber eines Tages, wenn du dieser
Bestie gegenübertrittst, allein,
mit unversehrtem Mut,
mit freundlichem Blick
in deinen ungetrübten Augen
(auch wenn niemand sie sieht),
wird aus deinem Lächeln eine Blume erblühen,
und diejenigen, die dich lieben,

werden auf dich schauen
über zehntausend Welten von Geburt und Tod hinweg.

Wieder allein, schreite ich fort mit gebeugtem Haupt,
doch wissend um die Unsterblichkeit der Liebe.
Und auf dem langen, rauhen Weg
scheinen mir Sonne und Mond,
erhellen meinen Weg.

Die Struktur der Soheit

Schimpf nicht mit den kleinen Vögeln.
Wir brauchen ihre Lieder.
Hasse nicht deinen eigenen Körper.
Er ist der Altar für den Geist der Menschlichkeit.

Deine Augen enthalten den Trichiliokosmos,
und deine Ohren regieren über die Vögel,
die Quellen, die steigende Flut,
über Beethoven, Bach und Chopin,
über die Schreie des kleinen Kindes
und das Lied, das es sanft dem Schlaf übergibt.

Deine Hände sind Blumen der Liebe,
die niemand zu pflücken braucht,
und deine Stirn ist der schönste aller Morgen.
Zerstöre nicht die Struktur der Soheit in dir.

Der Mais, das Gras, die Düfte der Nacht,
sie alle haben nach Frieden verlangt.
Ich weiß, eine Kugel könnte heute Morgen
das Herz des kleinen Vogels treffen,
dieses Vogels, der das Leben feiert mit all seiner Kraft.

Der Mais, das Gras, die Düfte der Nacht,
und mit ihnen die Sterne und der Mond –
wir alle tun unser Bestes.
Wir tun, was immer wir vermögen,
um dich am Leben zu erhalten.

Unser fester Entschluss

Ihr bekämpft uns,
weil wir den Hass bekämpfen,
während ihr eure Stärke
mit Hass und Gewalt zu erlangen sucht.

Ihr beschimpft uns,
weil wir dem Menschen kein Etikett aufkleben,
um dann einen Gewehrlauf auf ihn zu richten.

Ihr verflucht uns,
weil unser Blut euch nicht nützt,
um die Schuld eurer Gier zu tilgen,
weil ihr uns nicht dazu bewegen könnt,
von der Seite des Menschen zu weichen,
wo wir standhaft alles Leben beschützen.

Und ihr ermordet uns,
nur weil wir unser Haupt beugen
vor der Liebe und Vernunft des Menschen;
weil wir uns standhaft weigern,
ihn mit den Wölfen gleichzusetzen.

Der Zeuge bleibt

Leuchtraketen erstrahlen am dunklen Himmel.
Ein Kind klatscht in die Hände und lacht.
Ich höre den Knall der Gewehre,
und das Lachen erstirbt.

Aber der Zeuge
bleibt.

Frieden

Sie weckten mich heute Morgen
und erzählten mir, dass mein Bruder im Kampf getötet wurde.
Und doch blüht im Garten
eine neue Rose am Busch –
ihre feuchten Blütenblätter öffnen sich.
Und ich bin am Leben,
atme noch den Geruch von Rosen und Mist,
ich esse, bete und schlafe.
Wann kann ich mein langes Schweigen brechen?
Wann kann ich die Worte aussprechen,
an denen ich zu ersticken drohe?

Hier sind meine Hände

Hier sind meine Hände.
Ich will sie dir zurückgeben,
doch ich bete,
dass sie nicht von neuem
zerschmettert werden.

Ich bin zurückgekehrt,
bin fügsam, fühle mich ausgeliefert,
aber ohne Groll diesem großen Leid gegenüber.
Ich wurde unter deinem Stern geboren.
Für dich bin ich geboren.
Geboren, um zehntausend Leben zu leben
mit dem Herzen eines Kindes.

Hier sind meine Hände,
sie sind auch mein Herz, mein Geist,
mein Leben –
alles, was bleibt.
Ihre einzige Macht
liegt darin,
ihr Blut zu geben
aus Hingabe und Liebe.

Hier sind meine Hände.
Ich will sie dir zurückgeben.
Denke daran,
Mutter lehrte uns,
das welke Gras auf den Gräbern
genauso zu lieben
wie die blühenden Rosen.

Für sie
und für alles andere
ist Liebe
der unberührte Morgentau.

Hier sind meine Hände.
Gesenkten Hauptes gebe ich sie dir.
Schau, die alten Wunden müssen noch heilen.
Frisch ist noch ihr Blut,
und an den Fingerspitzen
kann deine Seele haften
wie Tau,
der an zitternden Grashalmen
glitzert.

Hier sind meine Hände,
noch einmal geboren,
doch tragen sie die alten Wunden noch.
Und hier ist mein Lächeln,
weil ich niemals hasste.
Und hier ist mein Herz,
mein reines Herz
aus vergangenen Tagen.

Hier sind meine Hände,
du erhältst sie zurück,
doch sind sie noch nicht geheilt unter ihren Bandagen.
Ich bete,
dass man sie nicht
von neuem zerschmettert.
Und ich flehe die Sterne an,
meine Zeugen zu sein.

Betrachtung

Vollmond ist heute Nacht,
drum lasst uns die Sterne
im Gebet anrufen.
Die Kraft der Konzentration,
betrachtet durch den strahlenden, eingerichteten Geist,
erschüttert das Universum.

Alle Lebewesen sind heute Abend versammelt,
um zu bezeugen, wie der Ozean der Furcht
die Erde überschwemmt.

Beim Klang der Mitternachtsglocke
reichen sich die Wesen aller zehn Richtungen die Hand
und vereinen sich in der Meditation
von *Mahakaruna*.

Wie erfrischend klares Wasser
entspringt Mitgefühl dem Herzen
und heilt die Wunden des Lebens.

Vom höchsten Gipfel des Geistesgebirges
strömt das gesegnete Wasser abwärts,
fließt in Reisfelder und Orangenhaine.

Von der Spitze eines Grashalms
trinkt die giftige Schlange
einen Tropfen dieses Nektars
und spürt, wie das Gift auf ihrer Zunge schwindet.

Maras Pfeile
verwandeln sich
in duftende Blumen.

Diese wundersame Wirkung des Heilwassers –
welch geheimnisvolle Verwandlung!
Ein Kind hält die Schlange nun
in den unschuldigen Armen.

Noch sind die Blätter grün im altehrwürdigen Garten.
Lächelnd glänzt das Sonnenlicht über dem Schnee,
und die heilende Quelle ergießt sich weiter gen Osten.

Das heilende Wasser –
gleich, ob an einem Zweig von Avalokitas Weiden

oder in meinem Herzen –
ist stets dasselbe.

Heute Abend fallen alle Waffen
vor unseren Füßen zu Boden
und zerfallen zu Staub.

Eine Blume,
zwei Blumen,
Millionen kleiner Blumen
sprießen auf den grünen Feldern.

Das Tor zur Erlösung öffnet sich
mit einem Lächeln auf den Lippen
meines unschuldigen Kindes.

Das ist der einzige Geist

Diese Schutzwälle in dir –
wer hat dir versprochen, sie für dich zu bauen?
Heute Morgen finden wir uns plötzlich
auf dem Ozean wieder –
wir treiben inmitten von Wind und Wellen.

Das Leiden selbst wird dir zur letzten Zuflucht,
in der du
die grausamste aller Nächte
verbringen wirst.

Sag jetzt noch einmal, was ich dir versprochen habe
(lang ist es her),
damit ich an jenem Tag
dein Zeuge sein kann.

Die Pfeile, die mich niederstreckten,
trage ich noch immer
im Fleisch meines Körpers.
Ich habe sie nicht zurückgeschossen.
Sorge gut für deinen eigenen Garten, Bruder.

Ich bin ein Vogel, und so wie andere Vögel
will ich nur frisches Wasser und nahrhafte Körner suchen.
Wir kehren in deinen Garten zurück.

Sei du der Herrscher deines Lebens
und unterzeichne das Dekret,
das Leiden für immer verbannt.
Fordere sodann aus allen Enden des Universums
die Macht der Vögel und Blumen
und die lebendige Kraft der Jugend zur Wiederkehr auf.
Das ganze Universum wird lächeln,
wenn du lächelst.

Osten und Westen

Rasch
fließt der Fluss
vorn am Tor vorbei.
Wolken schweben dahin,
Kindheitserinnerungen gleich.
Hinten im Garten
steht entflammt der Senf in seiner Blüte,
dort, wo verloren die Schmetterlinge flattern.

In seinen Armen hält er das Firmament
ganz dicht bei der warmen Sonne,
es gehört uns beiden.
Der Duft der Grapefruit-Blüten in meinem Haar
ist ihm nicht fremd.

Meine kleinen Hände spüren Tag und Nacht
der Seele des Kalligraphen nach,
der seinen Stift hinlegt,
um das Kind zu lehren –
Flüsse und Berge, alteingesessen,
auf meiner Schulter.

Zwei Kulturen, Osten und Westen,
drücken den tragenden Pol nieder.
Ein Hahn kräht,
und über den Kissen flüstert das Herz:
»Ist es schon Morgen da drüben?«

Den ganzen Winter über
schwelt rot das Feuer
und spendet unserem Vertrauen Wärme.
Er singt Verse,
und klar erklingt seine Stimme
am Schneehimmel.
Um die Zukunft am Leben zu erhalten,
ernährt er sich von eingelegtem Gemüse und Reis.
Wenn der Frühling zu den Hügeln wiederkehrt,
ist der Himmel wie Augen so blau,
und in der Ferne brechen die Blüten
des Flamboyant-Baumes auf.
Eine halbe Welt der Liebe
hat sich zur Hälfte geöffnet.

Der leere Pfad

Im Erschauern
des kalten Taus
kräuselt sich des Sees
spiegelglatte Fläche.
Im kalten Morgengrauen
hinterlassen deine Füße ihre Abdrücke
auf dem unberührten Gras.

Nicht ein *Lakka-Blatt* ist hier herabgefallen.
Die warme Seele des Herbstes aber
ist nach barbarischem Kreislauf
zurückgekehrt.
Die Jolle segelt heim zur alten Werft
und führt unter ihrem Verdeck
Mondlicht mit sich.

Die Frucht der Achtsamkeit ist reif

Meine Jugend –
eine unreife Pflaume.
Deine Zähne haben ihre Spuren darin hinterlassen.
Noch immer sind die Male spürbar.
Ich denke stets daran,
denke stets daran.

Seit ich dich lieben lernte,
steht die Tür meines Herzens stets weit offen
für die Winde aus den vier Himmelsrichtungen.
Die Wirklichkeit schreit nach einem Wandel.
Die Frucht der Achtsamkeit ist schon reif,
und nie wird die Tür sich wieder schließen.

Das Feuer verschlingt dieses Jahrhundert,
und es hinterlässt seine Spuren
in den Bergen und Wäldern.
Der Wind heult rings um mich her,
und der ganze Himmel schwankt wild im Schneesturm.

Da sind noch die Wunden des Winters –
ihnen fehlt die schneidende Schärfe des Frostes,
ruhelos drehen und wälzen sie sich
in Qual die ganze Nacht.

Der Tag, an dem ich mein Herz verliere

Mein Bruder, der mit der braunen Haut, hat Hunger. Hier ist die Hölle. Ich habe nicht aufgepasst, und jetzt hast du mir meinen Anteil vom Steak weggenommen.

Mein Bruder, der mit der gelben Haut, leidet große Not. Sein kleiner Junge wurde heute Morgen in der Schule ohnmächtig, denn er hatte nicht einmal eine kleine Süßkartoffel zu essen. Ich kämpfte derweil, versuchte, den Vermieter davon abzubringen, dass er die Miete erhöht. Ihr habt eure Firma mit neuen Geräten ausgestattet, und ich verlor dadurch meinen Job.

Mein Bruder, der mit der schwarzen Haut, kann seine Kinder nicht ernähren, aber seine Frau wird ständig wieder schwanger. »Wie konntet ihr nur?« Er sagte: »Was sollen wir tun?« Ohne Milch, ohne Reis, ohne Kartoffeln – so ließ die Frau ihren Säugling am Straßenrand liegen in der Hoffnung, ein liebevoller Mensch würde ihn mit zu sich nehmen. Ich habe so viel damit zu tun, für bessere Löhne zu kämpfen, ich kämpfe Tag und Nacht um den Lebensunterhalt, wie sollte ich denn die Zeit finden, auch noch helfen zu kommen?

Mein Bruder, der mit der weißen Haut, praktiziert einen dreifachen 8-Stunden-Tag. Er kann weder schlafen noch essen, so wie es der Rest der Familie tut. Er ist so nervös, dass er seine Frau schlägt und seine Kinder terrorisiert. Es ist die Hölle. Dort ist unser Kampf. Aber wie können wir nur einem Bruder zur Seite stehen, der so weit weg ist?

Ihr sagtet: »Im Interesse der Nation können wir die Entwicklung nicht aufhalten.« Da ihr wisst, ich bin ohne Arbeit, gebt ihr mir eine Stellung in eurer Firma. Eure Firma stellt Bomben und Gewehre her, die in weit entfernte Länder verkauft werden. Meine Kinder sind hungrig, meine Frau weint, und fast gebe ich nach. Aber unsere Brüder dort brauchen Essen. Warum schickt ihr ihnen Bomben und Gewehre, damit sie sich gegenseitig töten?

Lasst uns um Dunkelheit bitten,
oh ihr funkelnden Sterne

Das Boot ist fort –
weit ist das Meer,
rosig der Morgen.
Ich bleibe am Ufer zurück
und zähle die Fußspuren, noch erkennbar im Sand.
Eine Gruppe besorgter Frauen und Männer ist hier,
um das Boot zu verabschieden
und zu beten für den Mann, der es führt.
»Möge die See ruhig sein und der Himmel unbewegt«,
　flüstern sie.
Oh Wind, trage ihr Gebet weiter.
Möge der Ozean die Stürme senden,
die das Boot weitertreiben.

Oh Leid, komm an meine Seite,
wir wollen dem Bootsführer zusehen,
wie er Himmel und Wolken betrachtet;
still wollen wir den Wellen und dem Ozean zulächeln
und nicht um die Ruhe von Ozean und Himmel bitten,
sondern um zwei Arme und ein Herz.

Oh Leid,
komm ganz dicht an meine Seite.
Hör auf mit deinem hochmütigen Gelächter.
Dank dir wird er zu Größe gelangen.
Ohne dich wäre er nur er selbst geblieben
auf alle Ewigkeit.

Lass uns beten, dass die Dunkelheit stärker werde,
oh ihr unzähligen blinkenden Sterne!
Bei Sonnenaufgang werden wir
flimmernde Strahlen morgendlichen Lichts
vom Gipfel des Berges strömen sehen.

Nacht und Tag sind gegensätzlich,
doch Nacht und Tag bedingen einander.

Oh unschuldiges Kind,
bist du ein Geistwesen, ausgesetzt und bestimmt dazu,
nun von neuem in dieser verlorenen Welt zu leben?
Schau mich nicht so an
mit deiner kleinen gerunzelten Stirn.
Noch bist du ein Fremdling hier.
Lächle hinein in die Atmosphäre
dieses rosigen Morgens.

Lächle, du Kleines.
Mond, Wolken und Wind verharren in Stille,
ganz friedvoll, es geschieht nichts Böses.
Lächle, kleines Kind, so wie einst ich in früher Unschuld,
als ich nichts wusste, noch nichts erkannte.
Verschließe deine Ohren meinen Worten.
Bleib voller Staunen und Wunder, so wie jetzt.
Kehr an den Ort zurück, von dem du kamst.

Wenn der Tag kommt, da du mich brauchst,
und ich sollte nicht da sein,
so lausche auf das Murmeln einer Quelle
oder auf das Donnern eines Wasserfalls.
Betrachte die gelben Chrysanthemen,
den violetten Bambus,
die weiße Wolke
oder den klaren, friedvollen Mond.

Sie alle erzählen dieselbe Geschichte,
die ich heute den singenden Vöglein erzähle.

Dieses wundervolle Lied, das ihr heute Morgen hört,
ihr kleinen Vögel,
entspringt aus ungezählten Leben voller Leid.

Diese Lotosblüten, die sanft ihren Duft verströmen,
reichen tief in den sumpfigen Teich.
Ich bin hier, kleines Kind,
und warte auf dich.

Bitte nenne mich bei meinen wahren Namen

Sage nicht, dass ich morgen fortgehe –
denn ich komme doch heute gerade erst an.

Betrachte es ganz tief: Jede Sekunde komme ich an –
sei es als Knospe an einem Frühlingszweig
oder als winziger Vogel mit noch zarten Flügeln,
der im neuen Nest erst singen lernt;
ich komme als Raupe im Herzen der Blume
oder als ein Juwel, verborgen im Stein.

Ich komme stets gerade erst an, um zu lachen und zu weinen,
mich zu fürchten und zu hoffen.
Der Schlag meines Herzens ist Geburt und Tod
von allem, was lebt.

Ich bin die Eintagsfliege, die an der Wasseroberfläche
des Flusses schlüpft.
Und ich bin auch der Vogel,
der herabstürzt, um sie zu schnappen.

Ich bin der Frosch, der vergnüglich
im klaren Wasser eines Teiches schwimmt.

Und ich bin die Ringelnatter, die in der Stille
den Frosch verspeist.

Ich bin das Kind aus Uganda, nur Haut und Knochen,
mit Beinchen so dünn wie Bambusstöcke;
und ich bin der Waffenhändler,
der todbringende Waffen
nach Uganda verkauft.

Ich bin das zwölfjährige Mädchen,
Flüchtling in einem kleinen Boot,
das von Piraten vergewaltigt wurde
und nur noch den Tod im Ozean sucht;
und ich bin auch der Pirat –
mein Herz ist noch nicht fähig, zu erkennen und zu lieben.

Ich bin ein Mitglied des Politbüros
mit reichlich Macht in meinen Händen;
und ich bin der Mann, der seine »Blutschuld«
an sein Volk zu zahlen hat
und langsam in einem Arbeitslager stirbt.

Meine Freude ist wie der Frühling, so warm,
dass sie Blumen auf der ganzen Erde erblühen lässt.

Mein Schmerz ist wie ein Tränenstrom, so mächtig,
dass er alle vier Meere auffüllt.

Bitte nenne mich bei meinen wahren Namen,
damit ich all mein Weinen und Lachen
zugleich hören kann,
damit ich sehe,
dass meine Freude und mein Schmerz eins sind.

Bitte nenne mich bei meinen wahren Namen,
damit ich erwache,
damit das Tor meines Herzens
von nun an offen steht –
das Tor des Mitgefühls.

Schmetterlinge über den goldenen Senffeldern

Zehn Jahre lang hatten wir einen schönen grünen Garten.
Zwanzig Jahre lang
schien die Sonne stets auf unsere Strohdächer.
Meine Mutter kam und rief mich ins Haus.
Ich ging in den Vorgarten neben der Küche,
wusch mir die Füße
und wärmte meine Hände
am rotglühenden Herd,
und während ich auf unser Abendessen wartete,
fiel der Vorhang der Nacht
langsam über unser Dorf.

Ich werde nie erwachsen,
ganz gleich, wie lang ich lebe.
Gestern erst sah ich eine Schar
goldener Schmetterlinge
über dem Garten flattern.
Die Senfstauden standen in gelber Blütenpracht.

Mutter und Schwester, ihr seid stets bei mir.
Die sanfte Brise am Nachmittag ist euer Atem.
Ich träume nicht von ferner Zukunft.

Ich berühre den Wind und höre euer süßes Lied.
Es scheint mir, als sei es erst gestern gewesen,
dass du zu mir sagtest:
»Findest du eines Tages alles zerstört,
dann suche nach mir in der Tiefe deines Herzens.«

Da bin ich wieder. Jemand singt.
Meine Hand berührt das alte Tor,
und ich frage: »Wie kann ich helfen?«
Der Wind antwortet:
»Lächle. Das Leben ist ein Wunder.
Sei eine Blume.
Glück wird nicht aus Stein erbaut.«

Ich verstehe. Wir wollen uns nicht verletzen.
Ich suche euch Tag und Nacht.
Die Bäume ertasten einander in stürmischer Nacht.
Der Blitz leuchtet auf und zeigt ihnen,
dass sie dicht beieinanderstehen.

Mein Bruder, sei eine Blume,
die entlang der Mauer wächst.
Sei Teil dieses wundersamen Wesens.
Ich bin bei dir. Bitte bleib.

Unser Land ist stets in uns.
So wie als Kinder können wir noch immer zusammen
   singen.

Heute Morgen erwache ich und merke,
dass ich die Sutren als Kissen benutze.
Ich höre das aufgeregte Summen der eifrigen Bienen,
die sich aufmachen, das Universum
neu zu erbauen.

Ihr Lieben, der Wiederaufbau
dauert vielleicht tausend Lebzeiten,
aber er ist auch schon vollendet,
schon vor langer Zeit.
Das Rad dreht sich
und wir uns mit ihm.
Halte meine Hand, Bruder, und du wirst erkennen,
dass wir schon Tausende von Lebzeiten
zusammen sind.

Das Haar meiner Mutter ist duftig und lang.
Es berührt ihre Fersen.
Das Kleid meiner Schwester hängt draußen
zum Trocknen,

es segelt im Wind
über dem grünen Garten.

Es war an einem Herbstmorgen,
eine leichte Brise wehte.
Ich stehe wirklich in unserem Garten –
die Guavenbäume, der Duft reifer Mangos,
die roten Ahornblätter huschen umher
wie kleine Kinder vor unseren Füßen.

Ein Lied erklingt vom anderen Flussufer.
Ballen von seidigem goldenen Heu
überqueren die Bambusbrücke.
Welch wundervoller Duft!

Wenn der Mond
über dem Bambusdickicht aufgeht,
spielen wir zusammen am Gartentor.

Ich träume nicht. Dies ist ein wirklicher Tag
und ein schöner dazu.
Wollen wir in die Vergangenheit zurück und Versteck
   spielen?

Wir sind heute hier,
und wir werden es morgen sein.
Das ist wahr.
Komm, du bist durstig.
Wir laufen zusammen zur frischen Wasserquelle.

Jemand sagt, Gott habe zugestimmt,
dass die Menschheit aufsteht und Ihm hilft.
Wir gehen Hand in Hand seit undenklicher Zeit.
Hast du gelitten, dann nur,
weil du vergessen hast,
dass du ein Blatt, eine Blume bist.
Die Chrysantheme lächelt dir zu.
Tauche deine Hände nicht in Zement und Sand.
Sterne bauen sich selbst kein Gefängnis.

Lass uns singen mit der Blume
und den Vögeln am Morgen.
Lass uns ganz da sein.
Ich weiß, du bist hier,
denn ich schaue dir in die Augen.
Deine Hände sind schön wie Chrysanthemen.
Lass nicht zu, dass sie sich verwandeln
in Werkzeug, Haken und Stricke.

Was sollen wir davon reden,
dass wir einander lieben wollen?
Sei einfach du selbst.
Nichts andres brauchst du zu werden.

Lass mich selbst noch Zeugnis ablegen.
Bitte hör mir zu, als sei ich ein sprudelnder Quell.

Und hole Mutter. Ich möchte sie sehen.
Ich werde für dich singen, liebe Schwester,
und deine Haare, sie wachsen
wie Mutters, so lang.

Heimat

Meine Heimat ist genau hier
mit Bananenhainen, Bambusdickicht, Flüssen, Eichen.
Die Erde unter mir ist voller Staub.
Aber jedes Mal, wenn ich nach oben schaue,
sehe ich wundervolle Sterne.

Existenz

Es ist Nacht.
Regen prasselt auf das Dach.
Die Seele erwacht
einer überfluteten Erde entgegen –
eine stürmische See,
die erst brüllt,
dann verebbt.

In diesem kurzen Augenblick
flüchtig wechselnde Linien und Umrisse,
kaum erkennbar.

Bevor dieser Moment umschlägt
in Melancholie,
erklingt Lachen
in stillen Regentropfen.

Kleiner Stern

Wo bist du gewesen, kleiner Stern?
Von meinem Fenster aus
habe ich überall
nach dir Ausschau gehalten
inmitten der dunklen Wolken.
Wo bist du gewesen?
Ich fühle mich so verlassen
wie ein kleiner Vogel,
verloren auf einer nebligen Insel.

Nächtelang hat es geregnet.
Die Stadt ist so kalt und verlassen.
Spät in der Nacht sehe ich
auf dem Gehsteig
die Silhouetten einsamer, nasser Gestalten.

Ich bette mein Haupt auf einen Stapel alter Bücher,
so wie die alten Dichter.
Ich habe versucht, dein Bild
tief aus meinem Bewusstsein hervorzuholen,
während Wind und Regen draußen weiter wüten.

Heute Abend, wenn ich mich
über meinen Schreibtisch beuge,
den Kopf auf die Hände gestützt,
kann ich mir nicht vorstellen, dass der Wind
alle Wolken davongeweht hat.
Der Himmel ist klar.
Der Regen hält inne und wartet auf deinen Ruf.
Ich bin überrascht, durchs Fenster zu sehen,
dass du wieder da bist.
Du bist zurückgekehrt.

Lieber kleiner Stern,
du musstest durch solche Stürme, durch Regen und Wind.
Wohin bist du gegangen?
Wie lange und in welch seltsamem Land hast du geweint?
Du bist zurückgekehrt.
Deine Augen sind noch immer voller Erstaunen,
wenn du mich jetzt am Fenster betrachtest.
Wo warst du in diesen stürmischen Tagen?
Dein kleiner Körper, geschüttelt von unzähligen Winden,
zittert noch vor Kälte.
Friedlich ruhst du auf dem Boden der Kristallschale,
und mit Tränen in den Augen erinnerst du dich:

»Heute hat das Himmlische Königreich
ein großes Fest gegeben für Tausende von Sternen.
Der Himmel ist klar.
Alle Wolken sind fortgeweht.
Ich stieg hinauf zum Königreich,
kniete nieder und betete für unser Heimatland –
für das Ende von Hass, Töten,
Flutkatastrophen, Feuer und Grausamkeit
in unserem armen Land.«

Deine Stimme hat Millionen Sterne erreicht,
und alle haben sich in wundervolle Tränen verwandelt,
die in der Luft erzittern.
Tiefen Dank sage ich den Zehntausenden kleiner Sterne,
deren Treue so fest ist wie ein Diamant.
Wie Blumen erblüht ihr,
und strahlend leuchtet ihr im weiten Reich des Bewusstseins.
Mein kleiner Stern,
du bist nach Haus zurückgekehrt.
Mit Tränen in den Augen rufe ich deinen Namen
und bin glücklich.

Die letztendliche Dimension

Das Donnern vorbeiziehender Schwingen

Der alte Pfad
und seine Fußspuren –
der Duft der Zeit riecht nicht nach Veilchen;
die Farbe der Zeit ist nicht die des Himmels.

Staub auf meinem Weg,
Moos auf dem wilden Gestein,
Ruß auf dem alten Holz.
Die Zeit fließt nicht.
Das Grenzenlose ist verdichtet –
über meinem Kopf das Donnern vorbeiziehender
 Schwingen.

In seiner Hand befindet sich
die wahre Kraft, zu öffnen und zu schließen.
Lass den Wanderer an seinen Ausgangspunkt
 zurückkehren.
Heute finde ich mich ganz allein
an diesem Kreuzweg,
der beides, Öffnen und Schließen, ermöglicht,
Aufstieg und Abstieg.

In einem erschütternden Augenblick
rüttelt mich
das Echo der Jahrhunderte,
das Geräusch der Schritte,
in der Gegenwart vernehmlich,
wach.

Die Schönheit des Frühlings stellt sich mir in den Weg

Der Frühling kommt langsam und leise,
erlaubt dem Winter, sich zurückzuziehen,
langsam und leise.
Die Farbe des Berges hat heute Nachmittag
die Tönung von Wehmut.
Die schreckliche Blume des Krieges
hat ihre Spuren hinterlassen –
zahllose Blütenblätter von Trennung und Tod
in weißer und violetter Färbung.

Ganz sacht öffnet sich die Wunde
in der Tiefe meines Herzens.
Ihre Farbe ist die Farbe des Blutes,
ihr Wesen das Wesen der Trennung.

Die Schönheit des Frühlings stellt sich mir in den Weg.
Wie könnte ich einen anderen Weg
zum Berg hinauf finden?

Ich leide so. Vereist ist meine Seele.
Mein Herz vibriert wie die zarte Saite einer Laute,
ausgesetzt in stürmischer Nacht.

Ja, er ist hier. Der Frühling ist wirklich gekommen.
Aber unverkennbar hört man
das Wehklagen im wundervollen Gesang der Vögel.
Der Morgendunst ist schon geboren.
Die Frühlingsbrise spricht in ihrem Lied
von meiner Liebe und auch von meinem Leid.
So gleichgültig zeigt sich das All.
Warum?
Allein kam ich zum Hafen,
und allein gehe ich nun fort.

So viele Pfade führen in die Heimat.
Alle sprechen schweigend zu mir.
Ich rufe das Absolute an.

Der Frühling breitet sich aus
in alle zehn Himmelsrichtungen.
Sein Lied, ach, ist doch nur das Lied
des Fortgehens.

Nicht-Greifen

Verlassener Strand,
Fußspuren im Sand,
vom Regen ausgelöscht –
die Verzweiflung kommt von nirgendwoher,
und ihre Füße berühren noch nicht die Erde.

Plötzlich höre ich aus der Ferne das Flüstern
der sanften Frühlingswinde,
und die Verzweiflung ist fort.

Stille

Das Papier riecht wundervoll,
wenn ich die Seiten dieses alten Buches umblättere.
Das Wasser in meinem Glas
lächelt mich mit Kristallaugen an.
Plötzlich bilden sich Meereswellen, eine nach der anderen,
mit ihren Schaumkronen.
Ein kalter Stein
ruft die Nebel
hinauf zum weit entfernten Berg,
wo der Wind heftig heult.

Ich wache auf.
Meine Zungenspitze ist gefroren
von den Tautropfen,
die mir ein Grashalm spät in der Nacht gesandt.
Lichtblitze kreuzen sich
wie Schwerterklingen.
Vielleicht der Beginn eines Sturms.
Hastig ziehen Wolken vorüber.
Aus dem Osten ertönt drohend
das Signalhorn.

Wo ist mein Regencape aus vergangener Zeit?
Winde jagen die Blätter umher.
Braun sind die Linien und Rillen,
Spuren, die dein Besen hinterließ,
die Farbe deines Arms,
der Schweiß, der die Reisfelder überschwemmt.

In diesem Augenblick ist unser Planet irgendwo
verloren im Unbekannten,
und der Riesenvogel
schüttelt seine Flügel im Weltall.
Das All planscht
in Pfützen.
Das All explodiert.
Da kämpft eine Sonne
im Auf und Nieder
des Ozeans
wie ein Riesenfisch mit
gewaltigen roten Augen.
Mein Teleobjektiv versucht, diese Bilder
der Vorgeschichte einzufangen.
Schau! Gerade wird die Tür geöffnet,
wird die Zukunft in Freiheit entlassen.

Viele Leben lang
hat diese Tür die Zukunft daran gehindert
zu fliehen.

Heute Morgen, auf meinem Weg in den Wald,
weiß ich durch den Gesang des Vogels,
dass du da bist, frei,
frei auf einem grünen Pfad.
Kleine Knospen, Blumen und winzige Blätter
winken dem All zu.
Die Hand, diese Hand,
die den Balancestab des geschickten Artisten hält,
dirigiert die Welt des Klangs.
Alle Klänge kehren zurück
zu dem einen Ort
der großen Stille,
diesem Ort der großen Leerheit.

Zu viel Licht ist dort –
zu viel Licht für ein Kind, das gerade ins Leben tritt.
Nun sehe ich
unsere Großmutter,
wie sie ihr Haar hinten am Kopf
einer Zwiebel gleich zusammengebunden trägt.

Sie fegt Bambusblätter zusammen.
Dann sammelt sie die Blätter zu einem Häufchen
und verbrennt sie.
Der Rauch steigt empor
und wärmt den Himmel.
Der Buddha lächelt hinter einer dünnen Wolke.
Heute Nacht ist Vollmond.

Wahre Quelle

Wo finde ich den Bergzug des Himalaya?
In mir ist ein starker, anmutiger Berggipfel,
der in die Höhe strebt, verloren in Dunst und Wolken.
Lass uns gemeinsam diesen namenlosen Berg besteigen.
Lass uns auf diesem alterslosen blaugrünen Stein sitzen
und still zusehen, wie die Zeit den Seidenfaden spinnt,
der die Dimension des Alls erzeugt.

Wo fließt der Amazonas?
In mir bahnt sich gewunden ein Fluss seinen Weg.
Ich weiß nicht, welchem Berg er aus der Tiefe entspringt.
Bei Nacht und bei Tage windet sich sein silbriges Wasser
einem unbestimmten Ziel entgegen.
Komm, lass uns ein Boot nehmen,
es auf den brodelnden Wassern niederlassen
und zusammen den Weg zum gemeinsamen Ziel
aller Wesen im Kosmos finden!

Welche Galaxie soll ich Andromeda nennen?
Still zieht in mir eine Milchstraße dahin
von Millionen leuchtender Sterne.
Lass uns zusammen hinauffliegen, das Netz des Alls zerreißen,

um einen Weg zu bahnen auf dem Pfad der Wolken.
Das Geräusch deines Flügelschlags wird
selbst die entferntesten Sterne erreichen.

Welche Art soll ich Homo sapiens nennen?
In mir ist ein kleiner Junge.
Mit seiner linken Hand lüftet er den Schleier der Nacht.
In der rechten hält er eine Sonnenblume als Leuchte.
Die Augen des Kindes sind Sterne.
Lockig weht sein Haar im Wind,
wie Wolken über dem alten Dschungel
an einem stürmischen Nachmittag.
Lass uns gemeinsam zu dem Kind gehen und es fragen:
»Wonach schaust du?
Wohin gehst du?
Wo ist deine wahre Herkunft?
Wo ist dein letztendliches Ziel?
Welche Wege führen nach Hause?«

Der kleine Junge lächelt nur.
Die Blume in seiner Hand wird plötzlich
zu einer hellrot leuchtenden Sonne,
und das Kind geht allein –
seinen Weg durch die Sterne.

Du machst dich bereit heute Morgen

Du machst dich bereit heute Morgen,
dem silbernen All eine Zukunft zu geben.
Der Phönix streckt seine Flügel aus
und erhebt sich zum gewaltigen Himmel.
Das Wasser verharrt am Fuße der Brücke,
während der Sonnenaufgang nach jungen Vögeln ruft.
Dieser Ort, der dir vor Jahren als Obdach diente,
ist nun Zeuge für deinen Aufbruch
zu den Flüssen und Ozeanen deines Heimatlandes.

Winken

Der Morgen dämmert,
und ich sitze hier.
Eine Tasse dampfenden Tees,
grünes Gras,
dann plötzlich dein Bild aus alter Zeit.

Deine Hände –
oder ist es der Wind? –
winken.

Da – das Leuchten der frischen Knospen am Baum.
Blume, Blatt und Kieselstein –
sie alle singen das Lotos-Sutra.

Jener ferne Herbstmorgen

Sieben Jahre.
Noch immer rieche ich den Duft des Sandelholz-Stäbchens.
Und dein Bild, Mutter,
ist lebendig wie eh und je.
Es war an einem Herbstmorgen,
sonnig, aber kalt.
Du hattest beschlossen, an den Ort zurückzukehren,
von dem du gekommen warst.
Du streiftest das Oberteil deines langen, abgetragenen
   Kleides ab
und legtest die schwere Bürde
von Schmerz und Kummer nieder.
Ich weinte nicht.

Die Welt sah so seltsam aus.
Dein Herz blutete noch, als du gingst.
Der Morgenwind strich sanft über meine Mönchsrobe.
Golden glänzte der Sonnenschein,
blau war der Himmel.
Hoch ragten die Hügel.
Und da war dein kleines Grab in der Erde, frisch
   aufgeworfen.

Als die wenigen, die hinter mir standen, gegangen waren,
sprach ich allein mit dir über das Leben.
Mein Herz war völlig gebrochen,
aber ich war in Frieden mit mir.

Du hast zu sehr gelitten, Mutter,
dein Dasein wog zu schwer auf deinen Schultern.

Sieben Jahre.
Seither bist du oft zu mir zurückgekehrt,
und jedes Mal warst du ganz lebendig.
Heute vergieße ich eine Träne für dich,
eine Träne des Erinnerns und des Mitgefühls.
Ich möchte deinen Schmerz und deinen Kummer teilen
mit dem Herzen eines Kindes.
Noch mit der Last des Daseins auf meinen Schultern,
kehre ich zu diesem Herbstmorgen zurück,
jenem fernen Herbstmorgen,
an dem Räucherwerk den Duft von Sandelholz verbreitete.
Du siehst mich nun auf diesem hohen Hügel,
wie mich der Sonnenschein umarmt.

Bleib den ganzen Tag bei mir, Mutter.
Ich weiß nicht, wohin mein Lebensschicksal mich morgen
 führt,
aber ich weiß, du bist wirklich hier.
Meine wahre Liebe,
leise will ich weinen,
den Kopf in den Armen verborgen,
jedes Mal, wenn ich zurückkehre in das süße Mutterland
meiner Kindheit.

Ruhe

Kindheit –
sonniges Alter von zwölf –
was sagst du?

Alter Fluss
alte Stadt
Wolken rufen einem blauen Himmel etwas zu

Ruhe

Verschwinden

Die Blattspitzen biegen sich
unter dem Gewicht des Taus.
Früchte reifen
in der Erde des frühen Morgens.
Narzissen leuchten auf im Sonnenschein.
Der Wolkenvorhang am Tor zum Gartenpfad
beginnt sich zu heben:
Habt Mitleid mit der Kindheit,
dem Weg der Illusion.

Spät in der Nacht
erlischt die Kerze.
In einer fernen Wüste
öffnet sich eine Blume.
An anderem Ort steht eine Aster
mit erkaltetem Herzen,
die niemals ein Cassava-Beet sah,
nie einen Garten mit Arecapalmen,
die nie Lebensfreude kennenlernte –
in diesem Augenblick verschwindet sie –
und mit ihr des Menschen ewiges Streben.

Tropfen der Leerheit

Von Tropfen der Leerheit
wird mein Herz gekühlt.
Plötzlich stelle ich fest,
mein Boot hat den Fluss überquert
und das andere Ufer erreicht.
Weicher Sand, leerer Strand,
alte Versprechungen ...

Reise

Hier stehen Worte geschrieben –
Fußspuren im Sand,
Wolkengebilde.

Morgen
werde ich fort sein.

Bewegung

Mein Haupt gebettet auf Wellenkissen,
treibe ich mit dem Strom –
breiter Fluss,
tiefer Himmel.
Sie treiben, sie sinken
wie Blasen,
wie Schwingen.

Der Fluss am Nachmittag und die Seele der Erde

Bäume entlang des Flusses,
Uferstraßen,
blauer Himmel,
blaue Blätter,
ein Tempel mit hohem Dach.

Die Seele des Turms
schläft
an diesem stillen
Sonntagnachmittag.

Aus der Ferne
höre ich
schwach
die Seele der Erde –
ganz allein,
während das Sternenfest
in vollem Gange ist.

Der geschickte Bogenschütze

Getroffen sinken die beiden Blätter des Kieferntors zu
 Boden.

Ein schimmernder Pfeil verlässt den Bogen,
schnellt nach oben, zerteilt den Himmel
und lässt die Sonne explodieren.

Die Blüten fallen vom Orangenbaum nieder,
bedecken den Garten mit einem Teppich –

flimmernder Widerschein.

Padmapani

Blumen am Himmel.
Blumen auf der Erde.
Lotosblumen erblühen, als seien sie die Augenlider Buddhas.
Lotosblumen erblühen im Herzen des Menschen.
Voller Anmut hält der Bodhisattva einen Lotos in der Hand
und erweckt ein ganzes Universum der Kunst.
Auf den himmlischen Wiesen sind Sterne aufgegangen.
Auch der Mond ist schon da, frisch und lächelnd.
Ein jadefarbener Kokospalmenstamm
ragt gegen den Nachthimmel empor.

Mein Geist reist in völliger Leerheit
und erreicht die Soheit auf ihrem Heimweg.

Fremde Küsten

Da gibt es den Versuch, den Raum einzufangen
und wieder freizulassen.
Farben versuchen, Licht miteinander zu teilen,
und ein Wolkenteppich entrollt sich unter meinen Füßen.
Drunten ein verlassener Pfad, ich blicke durch meine Seele,
und das wahre Gesicht vergangener Leben zeigt sich
im gegenwärtigen Augenblick.
Das Fenster der Zeit steht offen,
und so weht der Vorhang der Erinnerung im Wind,
im Sonnenschein und im Grün.

Eine stets sprudelnde Quelle sehe ich
hoch oben auf dem Gebirgszug des Himalaya.
Eine Wiese gibt es, die nie jemand sah –
das Gras dort ist immer frisch.
Hier und dort erscheinen am Himmel Sterne
wie kleine goldene und violette Blumen.
Der Mann beißt sich in den Finger, um sich zu
   konzentrieren.
Soeben ist mein Boot an fremder Küste gelandet,
ganz leise unter dem Licht der Sterne.
Ein Kind spricht.

Ist dies eine vertraute Welt?
Hört zu.

Meine Seele setzt ihren Flug fort.
Eine Erlaubnis wurde nicht zugesichert.
Der Kapitän fand seine Arme festgeschnürt mit dem Strick
 der Zeit.
Plötzlich höre ich das Murmeln des Windes.
Der große Vogel hat seine riesigen Schwingen ausgebreitet.
Der Raum gehört nun völlig dir!
Wohin gehst du?
Aus der Ferne ruft ein Stern.
Obgleich der Planet sich verloren fühlt,
erscheinen Himmel und Wolken noch immer friedlich.
Nebel breitet sich aus an der Flussoberfläche.
Abendwolken sammeln sich.

Dort drüben warten auf mich
meine Mutter und mein jüngerer Bruder.
Um Mittag
erwecken der Duft der Arecablüten
und das Geräusch einer schleifenden Hängematte
das Bedürfnis nach einem Mittagessen.
Ich bleibe sitzen und fühle mich schläfrig.

Auch der Mond da draußen lehnt sich an einen Berg.
Wer bist du, junger Mann?
Heute Morgen lernten wir uns kennen.
Nun lehnt er seinen Kopf an ein Kissen.
Das Denken ist wie ein langer Faden.
Die Seidenraupe benutzt ihre seidene Substanz,
um sich daraus ein Gefängnis zu schaffen.
Der Wind murmelt weiter in meine Ohren.
Ein kleiner Keks,
eine winzige Tasse Kaffee.
Halb erwacht fand ich mich wieder.

Die Stewardess läuft wie auf einer Wolke.

Transformierte Illusion

Der Horizont mit schweren Augenlidern,
die Berge angelehnt,
sie wollen sich ausruhen auf dem Kopfkissen der Erde –
wenn die Nacht hereinbricht,
schläft der Duft des Grases und der Blumen.

Die Illusion hebt ihre Schleier.

Der Wind weht ihre Hände hoch.
Jadekerzen
schimmern im Silberfluss des Himmels.
Das offene Tor in den Hügeln
umrahmt eine Sternschnuppe, die in Feuerschrift
die heiligen Worte schreibt.
Zehntausend Leben wirbeln herum
im Kreis einer Traumillusion.
Der Augenblick dieser Nacht
offenbart
die Wirklichkeit der Welt.

Geistesmond

Aufgeregt feiert der Himmel einen neuen Sonnenuntergang.
Der Vogel mit Augen, die die Farbe des Himmels reflektieren,
hüpft umher zwischen Zweigen
und Blättern aus Kristall.
Aus langem Schlaf erwache ich und spüre,
wie die Dämmerung in mir aufsteigt,
und im Teich des Geistes spiegelt sich ein friedvoller Mond.
Der Schmetterling ist fern von seinem Heimatland.
Die violetten *tìa tô*-Blätter
künden vom Reifen des Herbstes.
Vögel singen inmitten der Blätter.
Himmel und Wolken sind voller Frieden.
Dieser Morgen ist Frieden.
Die Taube streckt ihre Flügel.
Das Kind öffnet seine Arme
für ein herzliches Willkommen.
Die Vögel heißen Tropfen neuen Sonnenscheins willkommen.
Golden ist die Farbe des Rasens.

Zehn Jahre ist es her,
dass der Schmetterling seine Heimat verließ
und auf Wanderschaft ging.

Arme voller Poesie, Tropfen von Sonnenschein

Der Sonnenschein schwingt auf dem Raum,
und die Poesie schwingt auf dem Sonnenschein.
Die Poesie gebiert den Sonnenschein
und der Sonnenschein die Poesie.

Im Herzen der Bittermelone wird die Sonne gehütet,
aus dem Dampf einer Schale Suppe im Winter entsteht die
 Poesie.
Wirbelnd lauert draußen der Wind.
Die Poesie ist wieder da, um auf alten Hügeln und Steppen zu
 spuken.
Und dennoch bleibt die alte Strohhütte am Flussufer stehen
 und wartet.

Der Frühling trägt in seinem Nieseln Poesie.
In seiner orangefarbenen Flamme sprüht das Feuer Poesie.

Sonnenschein wird bewahrt im Herzen des duftenden Holzes,
warmer Rauch geleitet die Poesie zurück zu den Seiten
eines nicht offiziellen Geschichtsbuches.
Sonnenschein, auch wenn er sich nicht im Raum befindet,
erfüllt den Herd, der nun rosa schimmert.

Der Sonnenschein breitet sich aus,
nimmt die Farbe des Rauches an;
Poesie in ihrer Ruhe, die Farbe der dunstigen Luft.

Der Frühlingsregen enthält die Poesie in seinen Tropfen;
sie beugen sich nieder, um den Boden zu küssen,
damit die Samen keimen können.
Im Gefolge des Regens verweilt die Poesie auf jedem Blatt.
Grün ist die Farbe des Sonnenscheins und rosa die der Poesie.
Auf ihren Flügeln bringen die Bienen
den Blumen Wärme vom Sonnenschein.

Die Poesie gelangt auf den Fußspuren des Sonnenscheins
in den tiefen Wald,
und sie trinkt voller Freude den Nektar.
Aufgeregt vor Freude über die Feier
bevölkern Scharen von Schmetterlingen und Bienen die Erde.
Der Sonnenschein kreiert den Tanz, die Poesie das Lied.

Schweißtropfen fallen auf den harten Boden.
Gedichte fliegen die Furchen entlang.
Die Hacke trage ich leicht geschultert, und Poesie entfließt
  dem Atem.

Unten zum Fluss hin verblasst der Sonnenschein,
und zögernd verweilt die Silhouette des Spätnachmittags.
Die Poesie macht sich auf in Richtung Horizont,
wo der König des Lichts sich mit Wolken zudeckt.

Eine grüne Sonne findet sich in einem Korb voll frischem
   Gemüse,
eine wohlschmeckende und gut gegarte Sonne
duftet köstlich in einer Schale Reis.
Poesie schaut mit den Augen eines Kindes.
Poesie empfindet mit einem wettergegerbten Gesicht.
Poesie findet sich in jedem aufmerksamen Blick.
Poesie – die Hände, die irgendwo in der Ferne
das arme und verdorrte Land bestellen.

Die lächelnde Sonne, die die Sonnenblume erhellt;
die reife und kräftige Sonne, verborgen in einem Pfirsich im
   August;
Poesie folgt jedem meditativen Schritt,
Poesie kleidet die Seiten aus.

Diskret
verborgen in einem Essenspaket,
nährt Poesie die Liebe.

Im Wald

Die Gemeinschaft der Bäume –
Tausende von Körpern
und unter ihnen ein menschlicher Körper.
Zweige und Blätter winken.
Dann das Rufen des Flusses,
und meine Augen öffnen sich zum Himmel des großen
  Geistes.
Ein Lächeln ist
auf jedem Blatt zu sehen.

Der Wald ist hier,
weil die Stadt dort unten ist.
Der Geist aber ist mit den Bäumen gegangen
und hat ein neues grünes Gewand angelegt.

Der Sonnenschein ist die Blätter.
Die Blätter sind der Sonnenschein.
Der Sonnenschein unterscheidet sich nicht von den Blättern.
Die Blätter unterscheiden sich nicht vom Sonnenschein.
Alle anderen Formen und Töne
sind von derselben Natur.

Einssein

Im Augenblick, in dem ich sterbe,
will ich versuchen, zu dir
so schnell ich kann zurückzukehren.
Ich verspreche, es dauert nicht lang.
Stimmt es nicht,
dass ich bereits jetzt bei dir bin,
da ich jeden Augenblick sterbe?
Jeden Moment kehre ich zu dir zurück.
Schau nur hin
und fühle meine Anwesenheit.

Wenn du weinen möchtest,
so weine nur.
Und du sollst wissen,
ich weine mit dir.
Die Tränen, die du vergießt,
werden uns beide heilen.
Deine Tränen sind auch meine.
Die Erde, auf der ich heute Morgen gehe,
transzendiert die Geschichte.
Frühling und Winter sind beide da in diesem Augenblick.
Das junge und das abgestorbene Blatt sind wirklich eins.

Meine Füße berühren Todlosigkeit,
und meine Füße gehören dir.
Geh jetzt mit mir.
Lass uns eintreten in die Dimension des Einsseins
und den Kirschbaum im Winter blühen sehen.
Warum sollten wir über den Tod sprechen?
Ich brauche nicht zu sterben,
um wieder mit dir zusammen zu sein.

Ein Pfeil, zwei Illusionen

Der Fluss bahnt sich einen gewundenen Weg zum Meer.
Morgen, wenn die Zeit deines Aufbruchs gekommen ist,
werde ich dich bitten, laut
dein Lied von der neuen Jahreszeit anzustimmen.
Das Echo deiner Stimme wird mich beruhigen
und mich auf meinem Weg leiten
– wenigstens für ein Stück.

In Wirklichkeit werde ich niemals fortgehen.
Selbst wenn ich es könnte, würde ich doch nirgends
   ankommen.
In dem Augenblick, in dem ich gehe – falls es so etwas gibt –,
wären da Monde, Wolken, Winde und Flüsse.
Und im Moment meiner Ankunft
gäbe es da auch violette Bambusstauden und gelbe
   Chrysanthemen.

Ein Blatt,
eine Blume –
das ist es, was du bist.
Deshalb sind wir seit Nicht-Beginn
schon immer zusammen gewesen.

Es ist gar nicht möglich, *nicht* mit dir zusammen zu sein.
Noch immer verstehst du mich nicht,
und wieder fragst du nach meiner Abreise.

Heute Morgen,
wenn der Mond und die Sterne wieder erwachen
aus ihrem tiefen Schlaf,
scheint es, als weine die Erde.
Sie hat so viele Tränen vergossen.
Auch du solltest weinen, mein Lieber.
Deine Tränen werden Kristallen gleichen. (Weinen macht
 dich schön.)
Deine Tränen werden Wüsten in grüne Gärten verwandeln,
die Erde erfrischen, sich in Knospen der Hoffnung
 verwandeln.

Als wir Kinder waren, wollte auch ich weinen,
immer, wenn ich dich weinen sah.
Das Lächeln der Erde,
unserer Mutter mit grünem Haar,
geleitet Vögel und Schmetterlinge zu Blättern und Blumen.
Wir wurden nie geboren.
Schau zurück auf deinen wahren Geist.

Am Tag, als ich aus der verborgenen Dimension hervortrat,
erschloss sich dir mein Bild
durch die fünf Elemente.
Doch wird dieses Bild bald entschwinden,
und dann musst du mich suchen
in dem, was noch nicht gekommen ist
und auch nicht fortgehen kann.
Mich zu suchen,
dich zu suchen,
wird eine Freude sein!

Dich selbst wirst du finden im Nicht-Kommen und Nicht-
    Gehen.
Mit einem einzigen Pfeil wirst du zwei Illusionen erlegen –
und Nicht-Kommen und Nicht-Gehen inmitten von *Samsara*
    finden,
Wasser inmitten von Wellen.

Mein Lächeln heute Morgen
soll dir ewigen Frühling bringen.
Sei der Tathagata.
Sei eins mit dem Lächeln.

Am Tag, an dem du in die Illusion hineinstichst,
wirst du auch dieses Lächeln finden.
Nichts bleibt, und doch geht nichts verloren.
Heute früh rufen die Vögel und Quellen dir zu:
»Singe weiter, meine kleine Blume.«

Der alte Bettelmönch

Indem du Fels warst,
Gas, Dunst und Geist warst,
als Sternennebel mit Lichtgeschwindigkeit
zwischen den Galaxien gereist bist,
bist du nun hierhergelangt, mein geliebter Freund.
Und deine blauen Augen leuchten so schön, so tief.
Du hast dich auf den Pfad begeben, dessen Spur bereits vor dir liegt
seit dem Nicht-Beginn und dem Niemals-Enden.
Du sagst, auf deinem Weg hierher
seist du durch viele Millionen
von Geburten und Toden gegangen.
Unzählige Male seist du verwandelt worden
in Feuerstürme im Weltenraum.
Deinen eigenen Körper hast du benutzt,
um das Alter von Bergen und Flüssen zu messen.
Du hast dich manifestiert
als Bäume, Gras, Schmetterlinge, Einzeller
und als Chrysanthemen.
Aber die Augen, mit denen du mich heute Morgen anschaust,
sagen mir, dass du nie gestorben bist.

Dein Lächeln lädt mich ein zu dem Spiel,
dessen Anfang niemand kennt,
dem Versteckspiel.

Oh du grüne Raupe, feierlich setzt du deinen ganzen Körper
    ein,
um die Länge des Rosenzweigs zu ermessen,
der hier im letzten Sommer wuchs.
Alle sagen, dass du, meine geliebte Freundin,
erst in diesem Frühjahr geboren seist.
Sag mir, wie lange bist du schon hier?
Warum auf den Augenblick warten, an dem du dich mir
    offenbarst,
du, der du jenes Lächeln an dir hast,
das so still ist und so tief?
Oh Raupe, Sonnen, Monde und Sterne, strömt hinaus,
wann immer ich ausatme.
Wer weiß, dass das unendlich Große zu finden ist
in deinem winzigen Körper?
Tausende von Buddhafeldern befinden sich
an jedem Punkt deines Körpers.

Mit jeder Dehnung deines Körpers misst du die Zeit
vom Nicht-Beginn bis zum Niemals-Enden.

Der große Bettelmönch von damals ist noch dort auf dem
 Geiergipfel
und betrachtet die ewig leuchtende Sonne.

Gautama, wie seltsam!
Wer sagte, dass die Udumbara-Blume
nur einmal in 3000 Jahren erblüht?

Der Klang der steigenden Flut – du musst ihn einfach hören,
wenn du ein aufmerksames Ohr dafür hast.

Erscheinung

Jung sein
ist wie süßer Sonnenschein,
der den Sommerhimmel überflutet.

Stiller Mittag –
Jahre und Monate
sind einfach Ausdruck der Erde.

Warum Notiz nehmen
von den niemals endenden Jahreszeiten?

Liebesgedicht

Deine Augen bestehen aus den sechs Elementen –
Erde, Wasser, Feuer, Luft,
Raum und Bewusstsein.
Sie bestehen nur aus diesen,
aber sie sind schön.
Sollte ich sie in Besitz nehmen?
Sollte ich versuchen, sie für lange Zeit zu erhalten?
Sollte ich sie aufnehmen, bewahren?
Aber ich weiß, wenn ich sie aufnehmen würde,
wären es nicht wirklich deine Augen.

Deine Stimme besteht aus den sechs Elementen,
aber sie ist wirklich bezaubernd.
Sollte ich versuchen, sie in Besitz zu nehmen?
Sollte ich sie aufnehmen?
Aber ich weiß, dass das, was ich bewahren oder aufnehmen
 könnte,
niemals wirklich deine Stimme wäre.
Was ich erhalte, wäre nur ein Bild,
eine Tonbandaufnahme,
eine Zeichnung
oder ein Buch.

Dein Lächeln besteht aus den sechs Elementen,
aber es ist wirklich wundervoll.
Sollte ich versuchen, es in Besitz zu nehmen?
Sollte ich versuchen, es für lange Zeit zu erhalten?
Sollte ich versuchen, es zu besitzen oder aufzunehmen?
Aber ich weiß, dass das, was ich besitzen oder aufnehmen
   könnte, niemals dein wahres Lächeln wäre.
Es wären doch nur einige der Elemente.

Deine Augen sind vergänglich.
Deine Augen sind nicht du.
Ja, das wurde mir gesagt,
und ich habe es auch erkannt,
und dennoch sind sie noch immer schön.

Gerade weil sie vergänglich sind,
sind sie umso schöner.
Die Dinge, die nicht lange erhalten bleiben,
sind die allerschönsten –
eine Sternschnuppe, ein Feuerwerk.

Gerade weil sie ohne Selbst sind,
macht sie das umso schöner.
Was hat ein Selbst zu tun mit schönen Augen?

Ich möchte deine schönen Augen betrachten,
auch wenn ich weiß,
dass sie nicht bleiben,
auch wenn ich weiß,
dass sie kein Selbst besitzen.

Deine Augen sind wunderschön.
Mir ist bewusst, dass sie vergänglich sind.
Was aber spricht gegen Vergänglichkeit?
Könnte *ohne* Vergänglichkeit überhaupt etwas sein?

Deine Augen sind wunderschön.
Mir wurde gesagt, sie sind nicht du, sie haben kein Selbst.
Was aber spricht gegen die Natur des Nichtselbst?
Könnte *mit* einem Selbst überhaupt etwas existieren?

Obwohl nun deine Augen nur aus den sechs Elementen
    bestehen,
obwohl sie vergänglich sind,
obwohl sie nicht du sind,
sind sie noch immer schön,
und ich möchte sie betrachten.
Ich möchte sie so lange anschauen, wie es sie gibt.

Im Wissen, dass deine Augen vergänglich sind,
erfreue ich mich an ihnen, versuche aber nicht,
sie für immer zu bewahren,
versuche nicht, sie festzuhalten, sie aufzunehmen
oder in Besitz zu nehmen.
Ich liebe sie einfach und bleibe frei.

Wenn ich deine Augen liebe,
lerne ich, sie ganz tief zu lieben.
Ich sehe die sechs Elemente, die sie ausmachen,
die sechs wundervollen Elemente.
Diese Elemente sind so schön.
Und ich lerne, auch sie zu lieben.

Es gibt so viele Dinge, die ich liebe –
deine Augen, den blauen Himmel,
deine Stimme, die Vögel in den Bäumen,
dein Lächeln und die Schmetterlinge auf den Blumen.
Jeden Augenblick lerne ich,
ein besserer Liebender zu sein.
Jeden Augenblick lerne ich,
meine wahre Liebe zu entdecken.

Deine Augen sind schön.
Auch deine Stimme, dein Lächeln,
der Himmel,
die Vögel,
die Schmetterlinge.
Ich liebe sie. Ich gelobe, sie zu schützen. Ja.
Ich weiß, lieben bedeutet respektieren.
Und Ehrfurcht
ist die Natur meiner Liebe.

Beziehung

Du bist ich, und ich bin du.
Zeigt sich nicht deutlich, dass wir
miteinander verbunden,
ineinander verwoben sind?
Du hegst die Blume in dir,
damit ich schön werde.
Ich verwandle den Unrat in mir,
damit du nicht leiden musst.

Ich unterstütze dich;
du unterstützt mich.
Ich bin auf der Welt, um dir Frieden zu schenken;
du bist auf der Welt, um mir Freude zu sein.

Ihr seid mein Garten

In meinem Garten stirbt ein Baum.
Ihr seht ihn,
aber ihr seht auch andere Bäume,
Bäume, die noch voller Energie und Freude sind.

Und ich empfinde Dankbarkeit.

Ich weiß, dass ein Baum in meinem Garten stirbt,
aber ich betrachte ihn nicht
als das Gesamt meines Gartens.

Und ich brauche euch, damit ihr mich daran erinnert.

Ich möge mich um den Garten kümmern, wurde mir gesagt,
den Garten, den meine Vorfahren mir hinterließen.
Ein Garten hat immer schöne Bäume
und auch solche, die nicht so gesund sind.
Deshalb müssen wir ihn sorgfältig pflegen.

Ihr seid mein Garten,
und ich weiß, meine Praxis
sollte die eines Gärtners sein.

Ich habe einen alten, ungepflegten Garten gesehen,
in dem die Kirschbäume und Pfirsichbäume
noch immer wundervoll
und stets zur rechten Zeit erblühen.

Entschärft mich

Wenn ich eine Bombe wäre,
jederzeit bereit zu explodieren,
wenn ich zu einer Gefahr
für euer Leben geworden bin,
dann müsst ihr euch um mich kümmern.

Ihr glaubt, ihr könntet mir entfliehen,
aber wie?
Ich bin hier, mitten unter euch.
(Ihr könnt mich nicht aus eurem Leben entfernen.)
Und jederzeit
könnte ich explodieren.
Ich brauche eure Zuwendung.
Ich brauche eure Zeit.
Ich brauche euch, damit ihr mich entschärft.
Ihr seid für mich verantwortlich,
denn ihr habt gelobt (und ich habe es gehört),
zu lieben und Sorge zu tragen.

Ich weiß, dass ihr viel Geduld braucht,
wenn ihr euch um mich kümmern wollt,
viel Besonnenheit.

Ich merke, dass auch in euch eine Bombe tickt,
die es zu entschärfen gilt.
Warum also helfen wir einander nicht?

Ich brauche es, dass ihr mir zuhört.
Niemand hat mir je zugehört.
Niemand versteht mein Leid,
auch die nicht, die sagen, sie liebten mich.
Die Qual in meinem Innern
erstickt mich.
Sie ist das TNT,
aus dem die Bombe besteht.
Es gibt sonst niemand,
der mir zuhören will.
Deshalb brauche ich euch.
Ihr aber scheint euch mir zu entziehen.
Ihr wollt euch retten, Sicherheit finden,
diese Art von Sicherheit, die es nicht gibt.

Ich habe meine eigene Bombe nicht geschaffen.
Ihr seid es.
Die Gesellschaft ist es.
Es ist die Familie.
Es ist die Schule.

Es ist die Tradition.
Macht also bitte nicht mich dafür verantwortlich.
Kommt und helft;
tut ihr das nicht, werde ich explodieren.
Das ist keine Drohung. Es ist ein Hilferuf.

Ich werde euch auch zur Seite stehen,
wenn ihr so weit seid.

Wir kommen wieder

Eine wird drei sein.
Einer wird vier sein.
Eine wird tausend sein.
Wir kommen wieder.
Wir kommen wieder.

Hört das Niederprasseln des Regens,
seht den weiten Ozean des Geistes.
Strahlend reite ich auf der Welle, die alles überragt –
Hügel und Berge, Hügel und Berge,
Ozeane und Flüsse, Ozeane und Flüsse –
die Schwingen des Albatros
spielen mit dem morgendlichen Sonnenlicht.

Sind Schnee und Licht dasselbe?
Das Lied soll weiterklingen auf den Lippen eines Kindes!

Vollmondfest

Was wird wohl geschehen,
wenn Form mit Leere zusammenstößt,
und was geschieht,
wenn die Vorstellung in die Nicht-Vorstellung eingeht?
Komm her zu mir, mein Freund.
Lass uns zusammen schauen.
Siehst du die beiden Clowns, Leben und Tod,
wie sie ein Bühnenstück inszenieren?

Hier kommt der Herbst.
Die Blätter sind welk.
Lass sie davonfliegen.
Ein Fest der Farben, gelb und rot.
Im Frühling und Sommer
haben die Zweige die Blätter festgehalten.
Heute Morgen lassen sie sie los.
Fahnen und Laternen werden aufgehängt.
Alle sind hier beim Vollmondfest.

Mein Freund, worauf wartest du?
Hoch über uns scheint hell der Mond.
Heute Abend sind keine Wolken da.

Wozu nach Lampen und Feuer fragen?
Wozu über das Zubereiten des Abendessens reden?
Wer sucht, und wer findet?
Lass uns einfach den Mond genießen die ganze Nacht.

Reise

An diesem Mittag schweigt der Wind,
und vier Zypressen stehen in einer Reihe.
Die Mauer zeigt ihr Knochengerüst –
bloßgelegt durch Erosion, das Wasser der Zeit.

Ruhig ist der blaue Himmel.
Ich bin hier,
um das Alter der Ziegel und Steine zu erkunden,
die geduldig warten
seit Jahrmillionen.

Auf ihrer Reise durch die Wüste
machen mein Fleisch und meine Knochen
hier einen kurzen Zwischenstopp
und hinterlassen ein wenig Wärme von meiner Handfläche,
ein bisschen vom Rhythmus des Herzens.

Das uralte Bild ist weit entfernt,
und doch wartest du noch immer hier.

Sag mir, hielt ich hier schon einmal an
in einer vergangenen Existenz?

Ich sehe mich nach meinen Fußspuren suchen,
die ich hinterließ in einem Zyklus von Geburt und Tod.

Welche Atome werden eines Tages
auf meiner Handfläche tanzen,
wenn die fünf Elemente des Menschen
zu ihrer Quelle zurückkehren?

Wessen toter Körper liegt hier an der Mauer
an diesem Mittag im Sommer,
während der Himmel sein blaues Lächeln zeigt?

Oh ihr Ziegel und Steine, wer wird gehen,
und wer wird bleiben?
Euch alle würde ich mitnehmen
auf derselben Reise in derselben Geschwindigkeit.
Ihr, die ihr gesucht habt, um Kommen und Gehen zu finden –
sagt mir, wo ist die Linie des Horizonts?

Jetzt kann ich erkennen,
dass wir alle
seit Anbeginn der Zeit
in derselben Geschwindigkeit dahingezogen sind.

Gebt mir Zeit genug, um die
Sternenfrüchte und Akazien aus uralter Zeit
zurückzurufen.

Heute haben wir zusammen mit den vier Zypressen
für einen Augenblick innegehalten
und über diese wundersame Reise nachgedacht.
Obwohl es diesen stillen blauen Himmel seit einer Million
 Äonen gibt,
wurde mir allein soeben dieser blaue Himmel geboren.

Mondbetrachtung

Wenn es kein Selbst gibt,
gibt es auch kein Samsara.
Wozu willst du dann das Selbst auflösen?
Warum musst du Samsara beenden?
Es gibt kein Selbst,
aber es gibt den Glauben an ein Selbst.
Es gibt kein Samsara,
aber es gibt die Vorstellung von Samsara.
Ist der Vollmond heute Abend ein Selbst?
Nein, er ist kein Selbst.
Ist der Mondbetrachter ein Selbst?
Nein, er ist kein Selbst.

Wie kann nur der Mondbetrachter sich dann des Mondes
 freuen?
Eben *weil* der Mond kein Selbst hat
und *weil* der Mondbetrachter kein Selbst hat,
sind beide, Mond und Mondbetrachter, wundervoll,
und auch das Mondbetrachten ist eine wundervolle
 Angelegenheit.

Mondbetrachtung ist unsere Praxis.

Sonnenblume

Komm, Liebes, mit deinen unschuldigen Augen,
komm und sieh den klaren blauen Ozean des *Dharmakaya,*
sieh auch die grüne Farbe,
die Manifestation der Soheit.

Selbst wenn die Welt zerschmettert daliegt,
wird dein Lächeln niemals schwinden.
Was besaßen wir gestern,
und was verlieren wir heute?

Komm, Liebes, schau direkt in die Existenz hinein,
verziert mit Illusion.
Da die Sonnenblume bereits da ist,
wenden sich ihr alle Blumen zu, sie zu betrachten.

Ich werde sagen, ich will alles

Wenn du mich fragst, wie viel ich will,
werde ich dir sagen, ich will alles.
Du und ich
und alle Menschen
treiben heute Morgen in den wundervollen Strom
des Einsseins hinein.

Wir sind kleine Mosaiksteine der Phantasie
und haben eine weite Reise getan, um uns selbst zu finden.
Inmitten des Dunkels erkennen wir die Illusion,
wir könnten als Einzelne Befreiung erlangen.

Heute Morgen kam mein Bruder zurück nach langem
   Abenteuer.
Da kniet er vor dem Altar,
Tränen in den Augen.
Seine Seele hält nach einer Küste Ausschau,
will endlich vor Anker gehen
(eine Sehnsucht, die ich selbst einst kannte).
Lass ihn nur dort knien und weinen.
Er soll sich nur die Seele aus dem Leib schluchzen.

Gegönnt sei ihm Zuflucht für tausend Jahre –
Zeit genug, alle Tränen zu trocknen.

Eines Tages aber werde ich kommen
und sein Obdach in Brand setzen, diese kleine Hütte am
 Berg.
Mein Feuer wird alles zerstören,
sein einziges Floß nach dem Schiffbruch ihm nehmen.

In äußerster Seelennot
wird seine Schale aufbrechen.
Der Feuerschein der brennenden Hütte
wird seine glorreiche Befreiung bezeugen.
Ich aber warte auf ihn
neben der brennenden Hütte,
während mir Tränen über die Wangen laufen.
Dort will ich stehen und sein neues Dasein betrachten.
Und während ich seine Hand in der meinen halte,
frage ich ihn, wie viel er will.
Er antwortet mir mit einem Lächeln: Alles!
– so wie einst ich.

Geburt und Tod

Viele Lebenszeiten lang sind Geburt und Tod zugegen,
bringen Geburt und Tod hervor.
In dem Augenblick,
in dem die Vorstellung von Geburt und Tod aufsteigt,
sind Geburt und Tod da.
Sobald die Vorstellung von Geburt und Tod stirbt,
wird wahres Leben geboren.

Zen-Ecken

Es gibt nur ein Zen-Zentrum,
aber es kann viele Zen-Ecken geben.

Das macht nichts.
Eine Ecke ist ein Zentrum,
und ein Zentrum ist nichts anderes als eine Ecke.

Überall rezitieren wir: »Form ist Leerheit.
Form ist nichts anderes als Leerheit.«

Froschlosigkeit

Die erste Frucht der Praxis
ist das Erlangen der Froschlosigkeit.

Wenn man eine Froschdame
mitten auf einen Teller setzt,
so springt sie
nach wenigen Sekunden wieder herunter.

Setzt du die Froschdame erneut
mitten auf den Teller,
springt sie wieder fort.

Du hast so viele Pläne.
Da gibt es etwas, was du unbedingt werden willst.
Deshalb willst du immer einen Sprung machen,
einen Sprung vorwärts.

Es ist schwierig,
den Frosch in der Mitte des Tellers
festzuhalten.
Du und ich,
wir haben beide Buddhanatur in uns.

Das macht Mut,
aber du und ich,
wir haben auch beide Froschnatur in uns.

Deshalb
heißt das erste Ziel
der Praxis –

Froschlosigkeit.

Im Kreis laufen

Ach du, die du im Kreise läufst,
bitte höre auf damit.
Warum tust du das?

»Ich kann nicht *sein*, ohne zu laufen,
weil ich nicht weiß, wohin ich gehen soll.
Deshalb laufe ich im Kreis.«

Ach du, der du im Kreise läufst,
bitte hör auf.

»Aber wenn ich damit aufhöre,
höre ich auf zu sein.«

Ach, meine Freundin, mein Freund,
die ihr im Kreise lauft,
ihr seid doch nicht eins mit dem verrückten Im-Kreis-
   Laufen.
Ihr könnt auch am Laufen Freude haben,
ohne im Kreis zu gehen.

»Wohin kann ich gehen?«

Geh dorthin, wo du dein Liebstes findest –
dorthin, wo du dich selbst findest.

Vierundzwanzig brandneue Stunden

Heute Morgen wache ich auf und sehe den blauen Himmel.
Ich lege meine Hände zusammen im Dank
für die vielen Wunder des Lebens;
für die vierundzwanzig brandneuen Stunden,
die vor mir liegen.
Die Sonne geht auf,
und der Wald, getaucht in das Licht der Sonne,
wird zu meiner Achtsamkeit.

Ich laufe durch ein Feld von Sonnenblumen.
Zehntausende von Blumen wenden sich
dem strahlenden Osten zu.
Meine Achtsamkeit ist wie die Sonne.
Meine Hände säen Samenkörner für die nächste Ernte.
In meinen Ohren erschallt der Klang der steigenden Flut.
Aus allen Richtungen tauchen Wolken
am strahlenden Himmel auf
und begegnen sich voller Freude.
Ich sehe die duftenden Lotosteiche meiner Heimat,
erkenne die Kokospalmen entlang des Flusses.
Endlos, endlos erstrecken sich die Reisfelder,
sie lachen die Sonne und den Regen an.

Mutter Erde schenkt uns Koriander, Basilikum,
Sellerie und Minze.
Morgen werden die Hügel und Berge des Landes
wieder ergrünen.
Morgen werden die Knospen des Lebens aufplatzen.
Süß wie Kinderlieder
werden die Gedichte aus dem Volk sein.

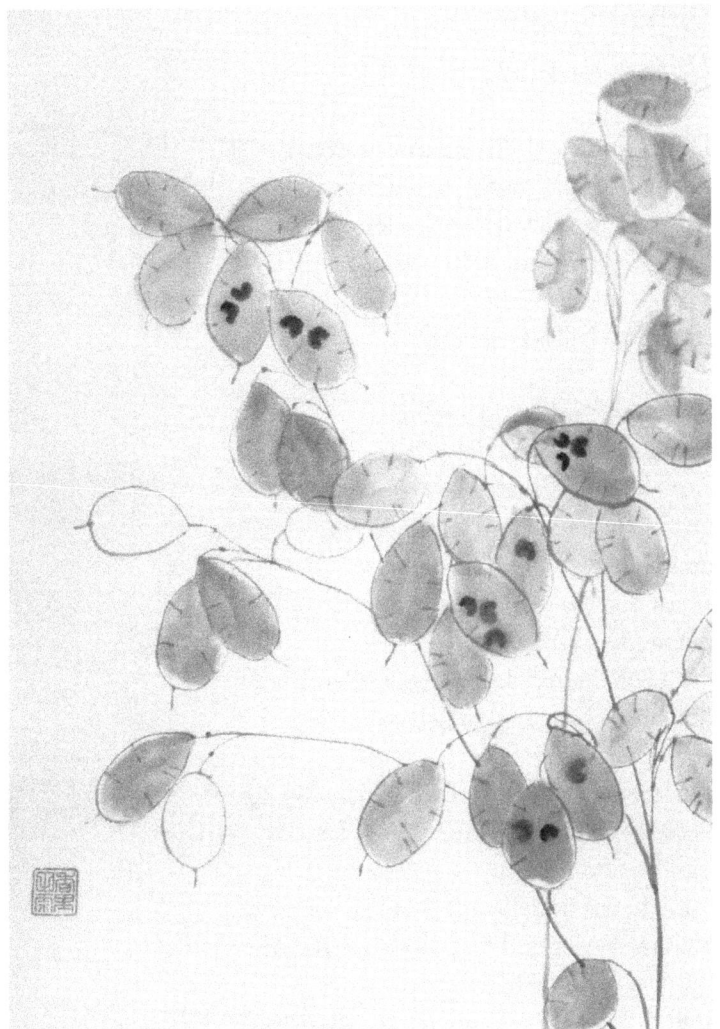

Unser wahres Erbe

Der Kosmos ist voll kostbarer Edelsteine.
Heute Morgen möchte ich dir eine Handvoll davon schenken.
Jeder Augenblick deines Lebens ist ein kostbarer Stein,
der durch Erde und Himmel,
Wasser und Wolken
strahlt und alles enthält.

Ganz sanft musst du atmen,
damit sich die Wunder offenbaren.
Auf einmal hörst du die Vögel singen,
und auch die Kiefern stimmen ein,
du siehst die Blumen erblühen,
siehst den blauen Himmel,
die weißen Wolken,
das Lächeln und den wundervollen Blick
des Menschen, den du liebst.

Du, die reichste Person auf Erden, die du
herumgeirrt bist und für deinen Lebensunterhalt
hast betteln müssen,
hör auf, das notleidende Kind zu sein.
Komm wieder und fordere dein Erbe ein.

Wir sollten unser Glück genießen
und es allen anderen schenken.
Bewahre diesen Augenblick.
Lass den Strom von Kummer und Elend los
und nimm das Leben ganz in deine Arme.

In den Strom eintreten

Jeder Mönch hat eine Ecke auf der Matte,
einen Platz für die Meditation.
Setz dich still dorthin, Mönch.
Die kreisende Erde trägt uns vorwärts.
Der Platz, auf dem du sitzt, ist wie ein Zugplatz zweiter
   Klasse.
Am Ende steigt der Mönch an seiner Station aus,
und der Platz wird für jemand anderes abgestaubt.

Wie lange muss der Mönch
auf seinem Stück Matte sitzen?
Sitz einfach still darauf.
Aber sitz nicht so, als hörtest du nie mehr auf,
als gäbe es keine Station, an der du ankommen könntest.
Die Lokomotive mit ihrem Feuer
wird dich vorwärtsbringen.

Jeder Mönch sitzt im Lotossitz
auf seinem Stückchen Matte.
Der Mönch sitzt wie ein uralter, riesiger Berg.
Der Berg ist da, vollkommen still,
doch dreht auch er sich wie der Mönch mit der Erde.

Ungebremst von unserer Furcht
eilt dieser Zug, der unser ist,
eilt diese feuergetriebene Lokomotive
voran.

Heute Morgen
sitzt der Mönch wie gewöhnlich
an seinem Platz auf der Matte.
Aber er lächelt.
»Ich werde nicht ewig hier sitzen«, sagt er zu sich.
»Wenn der Zug an der Station anlangt,
werde ich ganz woanders sein.
Ein Fleckchen auf der Matte
oder ein Armvoll Gras –
nur ein einziges Mal noch setze ich mich nieder.«

Die gute Nachricht

Die gute Nachricht
drucken sie nicht.
Die gute Nachricht
drucken wir.
Wir haben ständig eine Sonderausgabe,
und es ist uns wichtig, dass du sie liest.
Die gute Nachricht ist, dass du am Leben bist
und dass der Lindenbaum noch da ist;
dass er fest dem harten Winter standhält.
Die gute Nachricht ist, dass du wundervolle Augen hast,
mit denen du den blauen Himmel berührst.
Die gute Nachricht ist, dass hier dein Kind vor dir steht
und deine Arme erreichbar sind:
Eine Umarmung ist möglich.
Sie drucken nur, was falsch ist.
Schau dir jede unserer Sonderausgaben an.
Wir bieten immer die Dinge an, die nicht falsch sind.
Wir wollen, dass sie dir Nutzen bringen
und du uns hilfst, sie zu behüten.
Dort wächst der Löwenzahn am Wegesrand,
lächelt sein wundersames Lächeln
und singt das Lied der Ewigkeit.

Hör zu! Du hast Ohren, die es hören können.
Beuge dein Haupt.
Hör ihm zu.
Lass die Welt des Kummers
und der Besorgnis hinter dir
und werde frei.
Die letzte gute Nachricht
ist, dass du es wirklich kannst.

Bhumisparsa

Der Tod kommt
mit seiner eindrucksvollen Sense
und sagt:
»Du solltest Angst vor mir haben.«
Ich schaue auf und sage:
»Warum sollte ich Angst vor dir haben?«
»Weil ich dich töten werde.
Ich werde dein Sein auslöschen.«
»Wie kannst du mein Sein auslöschen?«

Der Tod gibt keine Antwort.
Er schwingt nur seine eindrucksvolle Sense.

Ich sage: »Ich komme, und ich gehe.
Dann komme ich wieder. Und gehe wieder.
Ich komme immer wieder. Du kannst weder bewirken,
dass ich existiere,
noch dass ich nicht existiere.«
»Woher weißt du, dass du wiederkommst?«,
    fragt der Tod.
»Ich weiß es, weil ich es bereits unzählige Male getan habe«,
    sage ich.

»Woher weiß ich, dass du die Wahrheit sagst?
Wer kann das bezeugen?« Der Tod runzelt die Stirn.

Ich berühre die Erde und sage:
»Die Erde ist Zeugin. Sie ist meine Mutter.«

Plötzlich hört der Tod die Musik.
Plötzlich hört der Tod aus allen Richtungen die Vögel singen.
Plötzlich sieht der Tod die Blumen blühen.
Die Erde gibt sich dem Tod zu erkennen
und lächelt ihn liebevoll an.
Unter dem liebevollen Blick der Erde schmilzt der Tod dahin.

Oh mein Liebes,
berühre die Erde, wann immer du dich fürchtest.
Berühre sie tief,
und dein Kummer wird sich auflösen.
Berühre sie tief,
und du wirst die Todlosigkeit berühren.

Zuflucht nehmen

Ich atme ein und kehre zurück
zur Insel in mir selbst.
Auf dieser Insel wachsen wunderschöne Bäume.
Da fließen klare Flüsse.
Es gibt dort Vögel,
Sonnenschein
und frische Luft.
Ich atme aus
und fühle mich sicher.
Ich genieße es, auf meine Insel zurückzukehren.

Achtsam atme ich ein
und begegne dem Buddha in mir selbst.
Buddha ist Achtsamkeit.
Seine Fackel ist stets da
und erhellt meinen Pfad,
den Pfad des Kommens,
den Pfad des Gehens,
den Pfad meines Geistes,
den Pfad meines Lebens.

Achtsam atme ich aus
und sehe meinen Pfad klar vor mir,
ob fern oder nah.

Ich atme ein
und finde das Dharma in meinem Atem.
Das Atmen beschützt mich,
beschützt meinen Körper,
schützt meine Seele.
Wenn ich ausatme,
halte ich den Atem lebendig,
damit er mich stets beschütze.

Ich atme ein
und erkenne die fünf Skandhas
als meine Sangha.
Das Atmen schafft Harmonie.
Das Atmen schafft Frieden.
Ich atme aus
und freue mich daran,
dass mein Sein mit allem eins ist.

Zufluchtsgebet

Am Fuße des Bodhibaumes
sitzt er in Anmut, friedvoll und lächelnd,
lebende Quelle von Verstehen und Mitgefühl –
zum Buddha nehme ich Zuflucht.

Der Pfad achtsamen Lebens,
der zu Heilung, Freude und Erleuchtung führt,
der Weg des Friedens –
zum Dharma nehme ich Zuflucht.

Die liebevoll sich unterstützende Gemeinschaft,
die Harmonie, Achtsamkeit und Befreiung verwirklicht –
zur Sangha nehme ich Zuflucht.

Ich bin mir bewusst, dass diese drei Juwelen
in meinem Herzen wohnen.
Ich gelobe, sie zu verwirklichen.
Ich gelobe, achtsames Atmen und Lächeln zu üben
und tief in die Natur der Dinge zu schauen.
Ich gelobe, die Lebewesen und ihr Leiden zu verstehen,
Mitgefühl und liebende Güte zu entwickeln
und Freude und Gleichmut zu üben.

Ich gelobe, morgens einem Menschen Freude zu bereiten
und nachmittags den Kummer eines anderen lindern zu
 helfen.
Ich gelobe, einfach und vernünftig zu leben,
zufrieden mit nur wenig Besitz,
und meinen Körper gesund zu erhalten.

Ich gelobe, alle Sorgen und Ängste loszulassen,
um unbeschwert und frei zu sein.

Ich bin mir bewusst, dass ich meinen Eltern viel verdanke,
meinen Lehrern, Freunden und allen Wesen.
Ich gelobe, ihr Vertrauen zu erfüllen
und von ganzem Herzen zu üben,
so dass Verständnis und Mitgefühl erblühen
und ich den Lebewesen helfen kann,
von ihrem Leid frei zu werden.

Mögen der Buddha, das Dharma und die Sangha
meine Bemühungen unterstützen.

Gehmeditation

Nimm meine Hand.
Wir werden gehen.
Wir werden einfach nur gehen
und uns an unserem Spaziergang erfreuen,
ohne daran zu denken, irgendwo anzukommen.
Friedvoll gehen.
Glücklich gehen.
Unser Gang ist ein Friedensmarsch.
Unser Gang ist ein Gang der Glückseligkeit.

Dabei merken wir,
dass es gar keinen Friedensmarsch gibt,
dass Frieden Gehen ist,
dass es keinen Marsch der Glückseligkeit gibt,
dass Glückseligkeit das Gehen ist.

Wir gehen für uns selbst.
Wir gehen für alle,
stets Hand in Hand.

Gehen und den Frieden berühren in jedem Augenblick.
Gehen und die Glückseligkeit berühren in jedem Augenblick.

Jeder Schritt bringt eine frische Brise.
Jeder Schritt lässt eine Blume erblühen unter unseren Füßen.
Küss die Erde mit deinen Füßen.
Hinterlasse auf der Erde den Abdruck deiner Liebe und
　Glückseligkeit.

Die Erde wird sicher sein,
wenn wir in uns genügend Sicherheit verspüren.

Jeder Schritt

Durch das verlassene Tor,
voller reifer Blätter,
folge ich dem kleinen Pfad.
Die Erde ist rot wie die Lippen eines Kindes.
Plötzlich
werde ich mir
jedes meiner Schritte
bewusst.

Kuckuckstelefon

Die Kuckucke halten ihre Verabredung ein.
Die Hügellandschaft tankt Wärme auf.
Laut erklingt das Telefon von Hügel zu Hügel.
Der sanfte Frühlingsregen dringt ein
in den Erdboden meiner Seele.
Ein Samen,
der lange Zeit tief in der Erde lag,
lächelt einfach nur.

Du kamst gerade zu Besuch.
Deine Reisetasche ist zur Hälfte mit Mondlicht
  gefüllt.
Das Spinatblatt ruft nach dem Basilikum-Samen.
Jetzt ist da mehr Grün als Rot.
Üppig zeigt sich die Vegetation.
Die Glocke ruft.
Unsere Füße küssen die Erde.
Unsere Augen umarmen den Himmel.
Wir gehen voller Achtsamkeit.

Zehntausend Leben kann man in einem Augenblick
  erkennen.

Es ist noch immer Frühling,
wenn alles sich so schnell manifestiert.
Der Schnee sieht jetzt grün aus.
Und Sonnenschein fällt wie Schnee.

Erdberührung

Hier ist der Fuß eines Baumes.
Hier ist ein leerer, ruhiger Platz.
Hier ist ein Kissen.
Bruder, setz dich doch hin!

Sitz aufrecht.
Sitz mit Festigkeit.
Sitz voller Frieden.
Lass dich nicht von deinen Gedanken davontragen.
Sitz so, dass deine Schenkel die Erde berühren.
Sei eins mit ihr.
Vielleicht möchtest du lächeln, Bruder.
Die Erde wird ihre Festigkeit auf dich übertragen,
ihren Frieden, ihre Freude.
Durch dein achtsames Atmen,
dein friedvolles Lächeln wird es dir gelingen,
die Mudra der Erdberührung aufrechtzuerhalten.

Es gab Zeiten, da dir das nicht so gut gelang.
Auf der Erde zu sitzen war, als schwebtest du in der Luft,
du, der du in der dreifachen Welt im Kreise liefst
und hineingesogen wurdest in den Ozean der Illusion.

Aber die Erde ist stets geduldig
und hat ein ungeteiltes Herz.
Die Erde wartet noch immer auf dich,
denn sie hat schon auf dich gewartet
während der letzten Trillionen von Leben.
Deshalb kann sie jegliche Zeitspanne warten.
Sie weiß, dass du eines Tages
zu ihr zurückkehren wirst.
Sie wird dich willkommen heißen,
frisch und grün,
so wie beim ersten Mal,
weil Liebe niemals sagt: »Das ist das letzte Mal.«
Die Erde ist eine liebende Mutter.
Nie wird sie aufhören, auf dich zu warten.

Kehr zu ihr zurück, Bruder.
Du wirst sein wie dieser Baum.
Die Blätter, die Äste, die Blumen deiner Seele
werden frisch und grün sein,
wenn du einmal die Mudra der Erdberührung einnimmst.

Der leere Pfad heißt dich willkommen, Schwester.
Er duftet nach Gras und kleinen Blumen –
dieser Pfad, von Reisfeldern gesäumt,

die noch die Spuren deiner Kindheit tragen
und den Geruch von Mutters Hand.
Schreite gemächlich, friedvoll.
Deine Füße sollten die Erde tief berühren.
Lass deine Gedanken dich nicht davontragen, Schwester.
Kehre jeden Moment auf den Pfad zurück.
Der Pfad ist deine beste Freundin.
Sie vermittelt dir
ihre Festigkeit,
ihren Frieden.

Atmest du tief, so hältst du die Mudra der Erdberührung
 aufrecht.
Gehe so, als küsstest du die Erde mit deinen Füßen,
als massiertest du sie.
Die Spuren, die deine Füße hinterlassen,
werden wie königliche Siegel sein,
die nach dem Jetzt rufen, damit es zum Hier zurückkehre,
auf dass das Leben gegenwärtig sei;
damit das Blut die Farbe des Lebens in dein Gesicht trägt;
damit sich die Wunder des Lebens offenbaren
und alle Verstrickungen sich verwandeln
in Friede und Freude.

Es gab Zeiten, da dir das nicht so gut gelang, Schwester.
Wenn du auf dem leeren Pfad wandeltest, schwebtest du in
   der Luft,
weil du dich stets in Samsara verlorst
und hineingesogen wurdest in die Welt der Illusion.
Aber der schöne Pfad ist stets geduldig.
Er wartet immer auf deine Rückkehr,
dieser Pfad, der dir so vertraut ist,
der Pfad, der so treu ist.
Er weiß ja, dass du eines Tages
zurückkehren wirst.
Voller Freude heißt er dich willkommen,
so frisch und schön wie beim ersten Mal.
Liebe sagt nie, dies ist das letzte Mal.

Der Pfad bist du, meine mir so vertraute Schwester.
Deshalb wird er des Wartens nie müde.
Ob er jetzt bedeckt ist mit rotem Staub,
mit Herbstblättern
oder eisigem Schnee –
kehre auf den Pfad zurück, Schwester,
denn ich weiß,
du wirst sein wie dieser Baum –
die Blätter, der Stamm, die Äste

und die Blüten deiner Seele
werden frisch und schön sein,
wenn du einmal die Mudra der Erdberührung eingenommen
   hast.

Atmen

Ich atme ein
und sehe mich als Blume.
Ich bin die Frische
eines Tautropfens.
Wenn ich ausatme,
sind meine Augen zu Blumen geworden.
Bitte schau mich an.
Ich schaue mit den Augen der Liebe.

Atme ich ein,
so bin ich ein Berg,
stets voller Ruhe,
unbeweglich,
lebendig,
voller Kraft.
Atme ich aus,
fühle ich mich fest.
Die Wogen der Gefühle
können mich niemals davontragen.

Atme ich ein,
so bin ich stilles Wasser.

Ich reflektiere den Himmel
getreulich.
Schau nur, in meinem Herzen
habe ich einen Vollmond,
den erquickenden Mond des Bodhisattva.
Atme ich aus,
schenke ich den vollkommenen Widerschein
meines Spiegel-Geistes.

Atme ich ein,
so werde ich zu Raum
ohne Grenzen.
Ich habe keine Pläne mehr.
Ich bin ohne Gepäck.
Atme ich aus,
so bin ich der Mond,
der durch den Himmel der vollkommenen Leere schwebt.
Ich bin Freiheit.

Zu den Gedichten

Botschaft

Geschrieben habe ich dieses Gedicht 1964 in Saigon. Es wurde 1966 von der Gesellschaft für Versöhnung als Weihnachtskarte gedruckt.

Unser grüner Garten

Dieses Antikriegs-Gedicht schrieb ich zwischen 1964 und 1965. Es wurde in der buddhistischen Wochenzeitung *Hai Triêu Am (Der Klang der steigenden Flut)* abgedruckt.

Mudra

Eine Mudra ist eine Handhaltung, die in der Meditation verwendet wird, um einen bestimmten Zustand zu erwecken.

1967 las ich dieses Gedicht und »Frieden« im Rathaus von New York City, gemeinsam mit Arthur Miller, Robert Lowell, Daniel Barrigan und 20 weiteren Dichtern. Der Satz »Höre nicht auf den Dichter« soll vermitteln, dass er sehr leidet und dass du, wenn du ihm zuhörst, auch leiden wirst. »Schilt mich nicht dafür, Bruder, dass ich keinen Schluck hinunterbekomme. Die Luft in meinen Lungen ist gefroren« bedeutet, dass Sie Ihren Kaffee nicht genießen können, weil Blut in ihm ist. Der Mensch, der gestorben ist, teilt mir mit, dass er sich meine Augen ausleihen möchte, um zu weinen, denn er hat keine Augen mehr. Der Kriegsveteran, der nicht gehen kann, sagt: »Lass mich mit deinen Füßen gehen, denn ich habe keine Füße.« Ein Jahr später, als ich auf einer internationalen Konferenz in Montréal sprach, forderte ich: »Befreit uns von der Befreiung.« Die Mudra in diesem Gedicht sieht so aus: Ich lege meine Hand auf den Tisch in der Form eines Berges. Wir müssen sehr standhaft sein, sehr gesammelt, um unsere Festigkeit zu bewahren – sonst verlieren wir unser Gleichgewicht.

Um mich zu wärmen

Dieses Gedicht schrieb ich, nachdem ich von dem Bombenangriff auf Ben Tre erfahren hatte und von dem Kommentar eines amerikanischen Militärs: »Wir mussten die Stadt zerstören, um sie zu retten.« Betsy Rose vertonte dieses Gedicht und machte daraus das Lied: »In my two hands« (In meinen beiden Händen).

Nacht des Gebets

Geschrieben habe ich dieses Gedicht 1964, und abgedruckt wurde es in der Wochenzeitung *Hai Triêu Am*. Vertont wurde es 1968 in Tokyo.

Empfehlung

1965 schrieb ich dieses Gedicht vor allem für die jungen Leute von der Schule der Jugend für Sozialarbeit, die im Krieg täglich ihr Leben riskierten. Ich empfahl ihnen, sich darauf vorzubereiten, ohne Hass zu sterben. Einige waren bereits gewaltsam getötet worden, und ich wollte die anderen davor bewahren, Hass zu entwickeln. Unser Feind, das sind unsere Angst, unser Hass, unsere Gier, unser Fanatismus und die Diskriminierung von Menschen. Wenn du gewaltsam stirbst, musst du über Mitgefühl meditieren, um denen verzeihen zu können, die dich töten. Wenn du im Sterben diesen Zustand des Mitgefühls verwirklichst, so bist du wirklich ein Kind des Erwachten. Selbst wenn du in Unterdrückung, Schande und Gewalttätigkeit stirbst – wenn du verzeihend lächeln kannst, dann hast du große Kraft.

Als ich die Zeilen dieses Gedichtes erneut las, verstand ich auf einmal den Abschnitt im *Diamant-Sutra*, in dem von *Ksanti*, dem Erdulden oder der Toleranz, die Rede ist. »... mit unversehrtem Mut, mit freundlichem Blick in deinen ungetrübten Augen (auch wenn niemand sie sieht), wird aus deinem Lächeln eine Blume erblühen, und diejenigen, die dich lieben, werden auf dich schauen über zehntausend Welten von Geburt und Tod hinweg.« Wenn du mit Mitgefühl im Herzen stirbst, dann bist du eine Fackel, die unseren Pfad beleuchtet. Nhat Chi Mai, eins der ersten Tiep-Hien-Mitglieder, las dieses Gedicht vor und nahm es auf Tonband auf, bevor sie sich selbst verbrannte. Sie hinterließ es ihren Eltern.

»Wieder allein, schreite ich fort mit gebeugtem Haupt«, um euch zu sehen, zu erkennen, mich an euch zu erinnern. Eure Liebe ist ewig geworden. »Auf dem langen, rauhen Weg scheinen mir Sonne und Mond.« Wenn eine reife Beziehung zwischen Menschen besteht, gibt es immer Mitgefühl und

Verstehen. Wir brauchen in unserem Leben andere, um uns selbst zu sehen und zu erkennen, das hilft uns. Wie viel mehr brauchen wir den Buddha, damit er uns sieht! Auf unserem Pfad des Dienens gibt es Momente des Schmerzes und der Einsamkeit, aber wenn wir wissen, dass uns der Buddha sieht und versteht, verspüren wir eine starke Woge der Energie und eine feste Entschlossenheit weiterzumachen.

Die Brüder der Western Priory haben dieses Gedicht wunderbar vertont.

Der Zeuge bleibt

Leuchtraketen dienen dazu, den Feind aufzuspüren. Wenn du von Angst besessen bist, dann kann alles für dich zum Feind werden – selbst ein kleines Kind. Die Zeugin, der Zeuge bist du. Und ich bin es.

Frieden

Dieses Antikriegs-Gedicht habe ich 1964 in Vietnam geschrieben, zu einer Zeit, als allein das Aussprechen des Wortes »Frieden« bedeutete, dass man »Kommunist« war, den Kommunisten half oder zumindest Defätist war. Als Pham Duy, ein bedeutender Musiker, dieses Gedicht vertonte, wählte er deshalb den Titel »Ein Traum«.

Betrachtung

Dies ist eine *metta*-(liebende Güte-)Meditation, mit deren Hilfe wir den Balsam von *amrita* (Unsterblichkeit) erzeugen und damit unsere Herzen und die Welt verwandeln können. Dabei fließt das Mitgefühl wie Heilwasser, das einer Quelle am Berggipfel entspringt. Wenn das Wasser nun in die tiefer gelegenen Felder fließt, nützt es allen Wesen. Die Schlange spürt nach nur einem Tropfen, wie ihr Gift schwindet. Das kleine Kind hält die Kobra, ohne dass ihm ein Leid geschieht. Maras Pfeile werden zu Blumen.

Für dieses Gedicht wurde ich von den Kommunisten sehr angefeindet, denn sie verstanden die Bilder falsch. Sie behaupteten, dass ich sie als Mara verteufelte, dass ich auf sie »schießen« würde, dass ich mich dafür einsetzte, mit den amerikanischen Imperialisten zu leben, der »Kobra«, die, wie sie sagten, niemals Mitgefühl würde empfinden können. 1965 wurde das Gedicht zusammen mit der Kritik daran in einer Hanoier Zeitung abgedruckt.

Sogar mein Essay »Eine Rose für deine Tasche« wurde von der Nationalen Befreiungsfront angegriffen. Sie sagten: »Thich Nhat Hanh fordert die Leute auf, an ihrer leiblichen Mutter zu hängen, damit sie ihr Mutterland vergessen.« Ich hatte in einer Saigoner Zeitschrift einen Artikel geschrieben, in dem ich Buddhismus und Marxismus miteinander verglich. Darin stellte ich fest, dass beide am selben Anfangspunkt beginnen, indem sie sich auf die erste der Vier Edlen Wahrheiten beziehen – dann aber bald verschiedene Wege beschreiten. Die Buddhisten wollen aufgrund der Erfahrung von Leid Mitgefühl zur Quelle der Energie ihres Handelns machen, die Marxisten hingegen benutzen Ärger und Wut als Energie.

Das ist der einzige Geist

Dieses Gedicht schrieb ich 1960 in dem kleinen Tempel im Bambushain bei Gia Dinh. Ich schrieb es für junge Mönche und Nonnen, um sie meiner Liebe und meiner Unterstützung zu versichern. Ich wusste, wie sehr sie unter der Situation des Krieges litten.

Der leere Pfad

Dieses Gedicht schrieb ich 1966. Ich schickte es als Postkarte an Schwester Chân Không. Sie erhielt es an dem Tag, an dem sie wegen des Druckens und der Verbreitung von Antikriegs-Schriften ins Gefängnis musste.

Der Tag, an dem ich mein Herz verlor

Dieses Gedicht habe ich 1956 geschrieben.

Bitte nenne mich bei meinen wahren Namen

Dieses Gedicht schrieb ich 1978, zu der Zeit, als wir den Boat-People halfen. Es wurde erstmals auf einem Retreat im Zentrum ›De Kosmos‹ in Amsterdam, Niederlande, vorgelesen. Den Retreat hatte Niko Tidemann organisiert. Auch Daniel Barrigan war damals dabei.

Schmetterlinge über den goldenen Senffeldern

Mit diesem Gedicht hatte ich 1963 in New York begonnen, kurz bevor ich nach Vietnam zurückkehrte. Nach dem Fall von Diêm hatten mich meine Mönchsbrüder gebeten, die Universität von Columbia zu verlassen und ihnen beim Wiederaufbau des Landes behilflich zu sein. Als ich nach Vietnam kam, entwickelte ich dieses Gedicht weiter. Es handelt vom Wiederaufbau des Landes und von der Art des Handelns, die als »Nichthandeln« bekannt ist. Wir müssen gar nicht viel tun, wenn wir wissen, wie wir *sein* können. Wenn wir aufhören, uns zu freuen, aufhören zu singen, dann sind wir in eine Art Gefängnis geraten. Die Sterne am Himmel bauen niemals Gefängnisse.

Existenz

Dieses Gedicht wurde 1965 in Saigon verfasst. Es regnete heftig. Ringsum war so viel Tod und Morden, so viel Zerstörung. Und dennoch konnte ich einen Moment lang das Lachen in einem Regentropfen hören.

Das Donnern vorbeiziehender Schwingen
Dieses Gedicht entstand zur selben Zeit wie *Winken*.

Die Schönheit des Frühlings stellt sich mir in den Weg
Dieses Gedicht entstand 1951. Ich schrieb es, keine zwölf Stunden nachdem ich mich in eine Nonne verliebt hatte. Es geschah am Neujahrsabend im Vien-Giac-Tempel im wunderschönen Dorf Cau Dar im Hochland von Vietnam. Sie war zwanzig. Uns beiden wurde klar, dass wir weiterhin Mönch und Nonne sein wollten. Deshalb beschlossen wir, uns zu trennen. Das war nicht leicht. Ich hatte das Glück, damals in einer liebe- und verständnisvollen Sangha zu leben, die mir dabei half. 41 Jahre später habe ich diese Liebesgeschichte auf Englisch anlässlich eines 21-Tage-Retreats in Plum Village erzählt, als ich über das Thema der Vipassana-Meditation in der Mahayana-Tradition sprach. [Siehe *Aus der Tiefe des Verstebens die Liebe berühren*, Theseus Verlag 1996]

Nicht-Greifen

Dies schrieb ich 1966. Ein Gefühl von Besorgnis oder Angst kann durch einige bewusste Atemzüge transformiert werden. Diese Angst ist wie eine Wolke, die versucht, sich auf mir niederzulassen. Ich atme ein und aus, und sie verschwindet.

Wahre Quelle

Dieses Gedicht schrieb ich 1977. Ich vertonte es nach einem Retreat in Brasilien, in Rio de Janeiro, bevor ich nach Paris zurückflog. Ich vollendete es im Flugzeug.

Du machst dich bereit heute Morgen

1966 in Paris geschrieben.

Winken

Dieses Gedicht entstand 1966 in einem katholischen Nonnenkloster in Australien während einer Vortragsreise. Ich saß allein im grünen Gras, betrachtete die kleinen Knospen, freute mich an der üppigen Vegetation, als mir eine junge Nonne eine Tasse Tee brachte. Dann lief sie zur Glocke und sprach ein Gebet; sie hielt den Strick der Glocke eine Weile schweigend in der Hand, bevor sie die Glocke zu läuten begann. Ich sah in ihr den Archetyp einer Nonne. Ich schrieb das Gedicht und gab es ihr.

Jener ferne Herbstmorgen

Dieses Gedicht schrieb ich, sieben Jahre nachdem meine Mutter gestorben war. Drei Jahre zuvor hatte ich einen Traum, in dem ich meine Mutter sah – jung, lebendig, freudvoll und schön mit ihrem langen schwarzen Haar. Ich erwachte gegen Mitternacht und ging hinaus in den Garten, wo ich den Mond scheinen sah, und mir wurde klar, dass meine Mutter niemals gestorben ist. Dies geschah während meines Aufenthaltes im Bao-Lok-Tempel im zentralen Hochland Vietnams.

Verschwinden

Dieses Gedicht habe ich um 1966 geschrieben.

Tropfen der Leerheit

Geschrieben um 1966.

Bewegung

Diese Zeilen schrieb ich 1966.

Der Fluss am Nachmittag und die Seele der Erde

Dies schrieb ich 1967 an einem Sonntagnachmittag in Paris nach einem Spaziergang entlang der Seine.

Der geschickte Bogenschütze

Dieses Gedicht entstand 1967 in Paris.

Padmapani

Dieses Gedicht schrieb ich 1976 nach einem Besuch der Höhlen von Ajanta in Indien.

Transformierte Illusion

Dieses Gedicht schrieb ich 1970 in der Hütte in Fontvannes.

Arme voller Poesie, Tropfen von Sonnenschein

Dieses Gedicht, das Hoang Thi Van aus dem Vietnamesischen übersetzt hat, enthält viel vom Intersein, vom Miteinander-Verbundensein. Die Sonne ist grün, weil man sie im Gemüse wiederfinden kann. Poesie wird aus dem Holz geboren, das im Ofen brennt. Ich brauche es, um schreiben zu können. In den letzten Zeilen des Gedichts wird davon gesprochen, hungernden Kindern zu helfen. Wir haben dieses Gedicht als Neujahrsgruß verwendet.

Ein Pfeil, zwei Illusionen

Dieses Gedicht handelt von Ihnen und Ihrem Dharma-Bruder, Ihrer Dharma-Schwester und von Leben und Tod. Ihr Bruder liebt Sie so sehr, dass er Angst hat, Sie zu verlieren. Er stellt sich vor, Sie könnten als engagierter Sozialarbeiter verschwinden oder sterben in einer Situation von Krieg und sozialer Ungerechtigkeit, und so bittet er Sie, ihm irgendetwas zu hinterlassen, an das er sich halten kann auf seinem Pfad. Hier ist die Antwort des großen Bruders: »Ich wurde nie geboren. Ich werde nie sterben. Wenn du in der Lage bist, mich in meiner Natur von Nicht-Geburt und Nicht-Tod zu erkennen, dann kannst du auch deine eigene Natur von Nicht-Geburt und Nicht-Tod sehen.« Mit einem Pfeil können Sie zwei Illusionen zu Fall bringen: sein Nichtsein und Ihr Nichtsein. Dieses Gedicht wurde von beiden Seiten – dem Norden und dem Süden – während des Krieges verboten. Sie hielten es für eine Forderung nach einem neutralen Vietnam, einem weder kommunistischen noch kapitalistischen Vietnam.

Der alte Bettelmönch

Dieses »Liebesgedicht«, wie Joanna Macy es nennt, hat mit dem *ursprünglichen Gesicht* zu tun. Wenn im Buddhismus eine Lehrerin oder ein Lehrer sagt: »Zeige mir dein ursprüngliches Gesicht«, so ist dies eine Einladung, die eigene Natur des Interseins, des Miteinander-Verwobenseins, zu entdecken. »Mein geliebtes Wesen, du bist aus dem Mineral, dem Gas, dem Dunst und dem Bewusstsein gekommen. Mit Lichtgeschwindigkeit bist du durch viele Galaxien gezogen. Und Nicht-

Beginn und Nicht-Enden sind zusammengekommen, um für dich die Wegspur zu zeichnen. Und jetzt bist du eine Raupe. Ich schaue in dich hinein und erkenne das. Obwohl du klein aussiehst, hast du im Weltall einen Feuersturm erzeugt. Und du hast das Alter von Fluss und Bergen mit deinem winzigen Körper gemessen.« Das unendlich Kleine enthält das unendlich Große. Meditation zu praktizieren ist, wie den geliebten Menschen zu suchen. Der alte Bettelmönch, Buddha Shakyamuni, sitzt noch immer dort. Glaube nicht, er sei verschwunden. Noch immer betrachtet er den wundervollen Sonnenuntergang. Seine Predigt ist noch immer kraftvoll wie der Klang der steigenden Flut, wenn deine Ohren in der Lage sind, zu hören.

Das erste Mal besuchte ich den Geiergipfel 1968, und eines frühen Abends erlebte ich, wie ich den Sonnenuntergang mit den Augen des Buddha betrachtete. Als wir dann 1988 gemeinsam in einer Gruppe dorthin fuhren, hatte ich noch einmal dasselbe Empfinden. Dieses Gedicht wurde 1970 verfasst.

Erscheinung

Dies schrieb ich 1966 in Paris.

Wir kommen wieder

Manchmal tun Menschen sich zu zweit zusammen (wenn sie heiraten), oder es werden drei (wenn sie ein Kind bekommen). Gewöhnlich denken wir, Wiedergeburt bedeute, dass ein Mensch als *eine* Person weiterlebt. Aber aus einer Person können mehrere werden, so wie beim Maiskorn, das wiedergeboren wird als Ähre mit vielen Körnern. Das Außergewöhnliche ist, dass ich Sie erst als *eine* Person kennenlernte, aber jetzt, da Sie wiederkommen, sind Sie drei oder fünf. Am wichtigsten ist, dass stets Freude und Frieden da sind. Ich habe nichts dagegen, dass Sie in der Vielzahl wiederkehren. Sehen Sie nur zu, dass Sie freudig und friedvoll wiederkommen.

Vollmondfest

Dieses Gedicht wurde als Entgegnung auf ein Gedicht des vietnamesischen Dhyana-Meisters Lieu Quan (1670–1742) geschrieben, in dem folgende Sentenz vorkommt: Wäre mir klar gewesen, dass die Lampe selbst Feuer ist, wäre der Reis schon lange gar gewesen!
Dieses Gedicht der Einsicht wurde seinem Lehrer, Meister Tu Dung, 1708 vorgelegt.

Reise

Ich befand mich allein an der französischen Riviera, wo ich an meinem Buch über die Mythen Vietnams, *Ein Geschmack von Erde,* arbeitete. Ich ging an den Strand und setzte mich dort nieder, ohne irgendetwas zu denken oder zu tun – den ganzen Tag bis um zehn Uhr abends. Ich ließ zu, dass meine fünf *Skandhas* vom Klang und vom Anblick der Wellen umspült wurden. Dann fuhr ich in die Provence. Dort fand ich mich plötzlich an einer alten Mauer wieder, gesäumt von vier Zypressen, die in einer Reihe standen. Und ich sah meinen toten Körper an der alten Mauer liegen.

Dieses Gedicht handelt von einer Wanderung. Wir alle befinden uns auf einer Reise, aber wir bewegen uns mit unterschiedlicher Geschwindigkeit. Ab und zu entdecken Sie vielleicht etwas Vertrautes in dem, was Sie zum ersten Mal sehen. Sie wissen eigentlich, dass Sie diese Person oder diese Sache zum ersten Mal sehen, und dennoch haben Sie dieses ganz bestimmte Gefühl, ihr schon einmal begegnet zu sein. Meine Erklärung dafür ist, dass ihr euch schon begegnet seid, während ihr auf demselben Stern durchs All zogt, dass Sie dann aber zu schnell weitergingen und die andere Person oder das andere Ding überholt haben, und jetzt begegnet ihr euch wieder. Steine und Ziegel bewegen sich vielleicht langsamer. Als ich in

Deutschland einmal zu einem Schloss emporstieg, hatte ich den Eindruck, es sei nicht zum ersten Mal. Das brachte mich dazu, das Gedicht »Das Lied vom Nicht-Kommen und Nicht-Gehen« zu schreiben. Einsicht, Erkenntnis ist so etwas wie der blaue Himmel: Sie war immer da, aber es scheint, als sei sie gerade eben erst geboren.

Sonnenblume

Die Sonnenblume ist *Prajnaparamita,* transzendierendes Verstehen.

Ich werde sagen, ich will alles

Dieses Gedicht habe ich schon 1954 geschrieben. Ein Mensch, der sehr leidet, mag das Bedürfnis haben, sich für eine Weile zurückzuziehen, sich zu verstecken. Das ist für eine gewisse Zeit durchaus in Ordnung – Zeit zum Heilen. Es gibt aber auch Leute, die sich für lange Zeit verstecken wollen, so wie jene Praktizierenden, die sich im Sitzen verstecken. Sie brauchen jemand, der kommt und ihr Versteck niederbrennt.

Geburt und Tod

Dieses Gedicht wurde 1974 während einer Konferenz des Weltkirchenrates in Sri Lanka geschrieben. Das Original ist eine Wiederholung von nur zwei chinesischen Schriftzeichen (*sheng:* Leben oder geboren werden und *si:* Tod oder sterben), die so angeordnet stehen, dass sie die Bedeutung hervorrufen, die in der obigen Übersetzung zum Ausdruck kommt.

> *sheng sheng sheng si sheng*
> *si sheng sheng si sheng*
> *si sheng sheng sheng si*
> *si sheng si sheng sheng*

Vierundzwanzig brandneue Stunden

Dies ist ein Lied, das ich 1970 in Tokyo schrieb. Es sollte in der ersten Ausgabe von *Das Wunder der Achtsamkeit* als »Meine Achtsamkeit, der Sonnenschein« erscheinen. Schwester Chân Không singt es auf der CD »Lieder aus Vietnam«.

Unser wahres Erbe

Dies sind die Worte eines Liedes, das auf einem Winter-Retreat 1990 in Plum Village geschrieben wurde. Die Inspiration kam durch die Parabel vom notleidenden Sohn im *Lotos-Sutra* und auch durch den Gedanken der Großzügigkeit im *Diamant-Sutra*.

In den Strom eintreten

Es gibt vier Arten von Früchten eines spirituellen Lebens oder der Meditation.
Wenn man in den Strom eintritt, dann weiß man, dass man bald ankommen wird, denn der Strom fließt zum Ozean. Dann wird man »Jemand, der in den Strom eintritt« genannt. Die zweite Frucht heißt »Einmal-Wiederkehr«. Man muss nur noch einmal wiederkehren. Die dritte Frucht ist »Niemals-Wiederkehr«. Man erlangt in diesem Leben Befreiung. Die vierte Frucht ist »Achat«. Man ist völlig befreit vom Kreislauf von Geburt und Tod.

In buddhistischen Klöstern rezitieren die Novizen zweimal im Monat einen Text von Meister Qui Shan, genannt *»Empfeh-*

lungen für Praktizierende«. Den Mönchen wird darin eindringlich nahegelegt, sorgfältig zu praktizieren, weil das Leben kurz ist und wir die Zeit nicht aufhalten können. Jeden Abend rezitieren wir bei unserer Meditation: »Heute ist vergangen. Das Leben hat sich verringert. Es ist wie bei einem Fisch, der merkt, dass der Wasserspiegel sinkt und sinkt. Die Gemeinschaft soll hart an der Befreiung arbeiten.«
Es gab auch einige wenige Mönche, die dieses Gedicht als Angriff auffassten. Das ist nicht wahr. Es wurde unter viel Schmerz und mit großem Mitgefühl verfasst.

»Ein Armvoll Gras« ist das, was der Buddha vor seiner Erleuchtung benötigte. Ohne Erfolg hatte er zuvor viele asketische Methoden ausprobiert. Askese ist nicht der rechte Weg. Sie ist ein Extrem, so wie andere Extreme. Der Buddha beschloss, sein Fasten zu beenden. Er trank Milch und aß etwas Reis, worauf er sich gestärkt fühlte. Sein Eindruck war, dass er nur noch eine letzte Anstrengung unternehmen musste, um den Durchbruch zu schaffen. So schnitt er etwas frisches grünes *Kusha*-Gras, bereitete sich einen Sitz daraus und sagte mit großer Bestimmtheit zu sich selbst: »Noch einmal setze ich mich nieder. Ich stehe nicht mehr auf, bevor ich ›es‹ erreiche.« Und er erlangte Erleuchtung.

Die gute Nachricht

Dies schrieb ich in Plum Village im März 1992.

Kuckuckstelefon

Jedes Mal, wenn ich Plum Village zu einer Frühjahrsreise verlasse, erinnere ich meine Freundinnen und Freunde daran, dass im Frühling das Rufen der Kuckucke mein Telefonanruf ist. Und da wir in Plum Village immer Telefon-Meditation praktizieren, indem wir bewusst atmen, wenn das Telefon klingelt, halten meine Freundinnen und Freunde stets inne und atmen tief, wenn sie den Schrei der Kuckucke hören.

Eine Freundin, ein Freund, die oder der ohne Mondlicht in der Reisetasche erscheint, ist zu beschäftigt. Wenn Sie solch eine Freundin oder einen Freund sehen, fragen Sie sie oder ihn: »Hast du etwas Mondlicht in deinem Gepäck?« Das wäre dann eine Glocke der Achtsamkeit.

Wenn Sie die üppige Vegetation im Frühling betrachten, dann wissen Sie, dass auch der Schnee, den Sie im Winter gesehen haben, Teil dessen ist. Sie können den Schnee sehen, wie er einen grünen Mantel trägt. Es war der Sonnenschein, der dazu beitrug, dass das Wasser des Ozeans in Gestalt von

Wolken zum Himmel gelangte, so dass man den Sonnenschein im fallenden Regen oder Schnee erkennen kann. Wenn der Schnee fällt, sehen Sie auch den Sonnenschein fallen.